堺雅人の守護霊が語る 誰も知らない「人気絶頂男の秘密」

大川隆法

Ryuho Okawa

まえがき

私も大勢の人々の前で法話をしたりしているためか、最近では映画やＴＶドラマの俳優さんや歌手の方々の実力や、演出している人々の努力に感銘をうけることが多くなった。百千万の人々に観られる職業は、一秒のスキで斬《き》り捨てられる世界でもある。人を笑わせるプロは、自分の心の底では決して笑っていない。全身の毛穴で視聴者の感想を感じとっている。

戦後約七十年、負け犬根性から抜け出せないでいる日本人に、塚原卜伝《つかはらぼくでん》、リーガルハイの古美門研介《こみかどけんすけ》、半沢直樹は、勇気や正義、戦って勝つことの大事さを教えてくれた。私にも『常勝思考』という三十二歳の時に書いたミリオンセラーがあるが、ドラマの世界で、この常勝思考を演じ切ったのが堺雅人《さかいまさと》さんだったのではないかと思う。今後とも活躍され、日本人のメンタリティを変える力になって頂ければと思う。

二〇一四年　一月二十一日

幸福《こうふく》の科学《かがく》グループ創始者兼総裁《そうししゃけんそうさい》　大川隆法《おおかわりゅうほう》

堺雅人の守護霊が語る　誰も知らない「人気絶頂男の秘密」　目次

堺雅人《さかいまさと》の守護霊《しゅごれい》が語る
誰《だれ》も知らない「人気絶頂男の秘密」

二〇一四年一月六日　収録
東京都・幸福の科学　教祖殿《きょうそでん》　大悟館《たいごかん》にて

「霊言現象《れいげん》」とは、あの世の霊存在の言葉を語り下ろす現象のことをいう。これは高度な悟《さと》りを開いた者に特有のものであり、「霊媒現象《れいばい》」（トランス状態になって意識を失い、霊が一方的にしゃべる現象）とは異なる。外国人霊の霊言の場合には、霊言現象を行う者の言語中枢《ちゅうすう》から、必要な言葉を選び出し、日本語で語ることも可能である。

また、人間の魂《たましい》は原則として六人のグループからなり、あの世に残っている「魂の兄弟」の一人が守護霊《しゅごれい》を務めている。つまり、守護霊は、実は自分自身の魂の一部である。したがって、「守護霊の霊言」とは、いわば本人の潜在《せんざい》意識にアクセスしたものであり、その内容は、その人が潜在意識で考えていること（本心）と考えてよい。

なお、「霊言」は、あくまでも霊人の意見であり、幸福の科学グループとしての見解と矛盾《むじゅん》する内容を含《ふく》む場合がある点、付記しておきたい。

堺雅人《さかいまさと》の守護霊《しゅごれい》が語る
誰《だれ》も知らない「人気絶頂男の秘密」

二〇一四年一月六日　収録

東京都・幸福の科学　教祖殿《きょうそでん》　大悟館《たいごかん》にて

堺雅人《さかいまさと》（一九七三〜）
宮崎県《みやざきけん》出身。早稲田《わせだ》大学第一文学部中退。喜怒哀楽《きどあいらく》を微笑《ほほえ》みで演じ分け、「微笑みの貴公子」の異名をとる性格俳優。出演した舞台《ぶたい》、ドラマ、映画多数。NHK大河《たいが》ドラマ「新選組《しんせんぐみ》！」では山南敬助《やまなみけいすけ》、「篤姫《あつひめ》」では徳川家定《とくがわいえさだ》を演じた。二〇一二年および二〇一三年日本アカデミー賞「優秀《ゆうしゅう》主演男優賞」受賞。高視聴率《こうしちょうりつ》を獲《かく》得《とく》した人気ドラマ「半沢直樹《はんざわなおき》」を主演し、その決め台詞《ぜりふ》「倍返しだ！」は同年の新語・流行語大賞を獲得。妻は映画「大奥《おおおく》」で共演した女優・菅野美穂《かんのみほ》。

質問者　※質問順
竹内久顕《たけうちひさあき》（幸福の科学宗務《しゅうむ》本部第二秘書局局長代理）
松本弘司《まつもとこうじ》（幸福の科学メディア文化事業局担当常務理事 兼《けん》 映画企画《きかく》担当）
斉藤愛《さいとうあい》（幸福の科学理事 兼 宗務本部第一秘書局長 兼 学習推進室顧問《こもん》）

［役職は収録時点のもの］

1 堺雅人《さかいまさと》の「人気の秘密」を探《さぐ》る

女優・菅野美穂《かんのみほ》との結婚《けっこん》後、俄然《がぜん》、躍《おど》り出してきた俳優

大川隆法　おはようございます。

今日は、少々変わった企画《きかく》ではありますが、「人気絶頂男の研究」（収録時点）ということで行いたいと思います。

昨年、二〇一三年を通して見たときに、テレビドラマや映画等で、人気が急上昇《きゅうじょうしょう》し、国民的に知名度が上がった人に、俳優の堺雅人《さかいまさと》さんがいます。

彼の人気が出てきたので、私も実際に、最近の出演ドラマ「塚原卜伝《つかはらぼくでん》」や「半沢直樹《はんざわなおき》」「リーガルハイ」等を観《み》ましたけれども、確かに、以前の彼とは違《ちが》うものを感じました。

これまでに、かなりの数の番組や映画等に出演してはいるのですが、脇役《わきやく》が多かったからか、印象が薄《うす》く、あまり記憶《きおく》に残っていませんでした。ところが、去年から、俄然《がぜん》、躍《おど》り出してきた感じがあり、四十歳《さい》で〝一馬身《いちばしん》〟抜《ぬ》け出したようです。他に、同じぐらい目立っている俳優も何人かはいますが。女優の菅野美穂《かんのみほ》さんと、映画「大奥《おおおく》」で共演したあとに結婚《けっこん》したことが、もしかしたら、大きく影響《えいきょう》しているのではないでしょうか。「結婚して、男が張り切る」ということはよくある話でもあります。

もう一つは、女優・菅野美穂には、何か〝神秘的な力〟を多少感じるので、「霊《れい》力《りょく》のようなものが乗り移ったのかな」という気もします。

堺雅人が、脇役が長くてアイデンティファイ（独自の個性の確立）がなかなかできなかったのに比べると、菅野美穂はわりあいに早いうちに、テレビドラマに出始めたころから、私は、霊感的に何か神秘性を感じるものがあって、「何だか独特な雰囲気《ふんいき》を持っているな」と感じてはいたのです。

この二人が結婚したと聞いたときに、「面白《おもしろ》いかも」と思ったのを覚えていますが、結果、「あげまん」ということになるのか、彼のドラマも大ヒットしたようです。

「倍返しだ！」という考え方を流行《はや》らせたドラマ「半沢直樹《はんざわなおき》」

大川隆法　私たちが研究しなければいけないのは、「こうしたテレビドラマ等の人気には、時代背景が大きくかかわっていることがある」ということです。

堺さんの演じた塚原卜伝は、「二百回以上も試合をして、一度も負けなかった男」ですが、半沢直樹《はんざわなおき》も、「銀行家として、反骨《はんこつ》の精神を持って上層部と戦い、金融庁《きんゆうちょう》と戦う男」のドラマでありました。ただ、番組としては、途中《とちゅう》、一定の段階までは上と戦いながら、最後に出向《しゅっこう》させられるところで終わっていましたが、「倍返しだ！」というような考え方を流行《はや》らせました。

日中関係が悪い状況《じょうきょう》であるにもかかわらず、中国までもがドラマを放映しようかというほどでした。もちろん、日本としては、中国に「倍返し」をされたらたまり

●倍返し　「2013 ユーキャン新語・流行語大賞」を受賞した、半沢直樹の決め台詞。「やられたらやり返す。倍返しだ！」から。

ませんが、そういう話が出ているぐらいでした。

「強い日本人」の復活にマッチしたドラマ「リーガルハイ」

大川隆法　それから、「リーガルハイ」については、シリーズ1と2がありますが、ちょうどこの間の時期に「半沢直樹」が挟《はさ》み込《こ》まれたかたちになっています。

主人公は「古美門研介《こみかどけんすけ》」という、非常にコミカルな名前の弁護士です。これが「コミカル」という言葉をもじったものかどうかは定《さだ》かでなく、こういう名前が本当にあるのかも知りません。そして、「あってはならないような弁護士」ではあるのですが、「不敗神話を持つ弁護士」ということになっています。

確かに、法律的に見れば、ちょっとありえないし、裁判においてもありえないと思われるところまで踏《ふ》み込んでいて、やや劇画調《げきがちょう》の部分はあったでしょう。

ただ、そうだとしても、こういう裁判ドラマなど、普通《ふつう》は大して面白くないものを、現代の世相や裁判事情も背景にした上で盛り上げ、「法廷《ほうてい》を劇場に変えた」というような意味では、すごいと思います。

独特の「堺ワールド」とも言われるものをつくり出していたのではないでしょうか。

確か、「半沢直樹」で頭取《とうどり》役をした方（北大路欣也《きたおおじきんや》）も、「リーガルハイ」（スペシャル）の相手方弁護士として出たことがあり、堂々としていて貫禄《かんろく》はありましたけれども、「古美門ワールド」のほうに引きずり込まれているような感じに見えました。このあたりも、堺さんの自信の変化の表れかという感じがします。

その全体的なムードとしては、「非常に厳しい戦いを、不屈《ふくつ》の闘志《とうし》で逆転させて勝ち、絶対に負けない」といった感じで、工夫《くふう》して、ありえない技《わざ》まで繰《く》り出して勝つような、とにかく「勝つ」ということにこだわった作品が多いようです。

このあたりに、実は、「ジャパン・イズ・バック」と言った現・安倍《あべ》政権の願いにも合ったものがあるのかもしれませんし、日本人の深層意識のなかで、今、そういう「強い日本人」復活のドラマのようなものを求めているのかもしれません。

●ジャパン・イズ・バック　2013年2月、ワシントンで行われた安倍総理の演説。

人気やヒットの秘密を探《さぐ》ることは「成功の法則」研究の一環《いっかん》

大川隆法　幸福の科学においても、大きな講演会も開いていますし、映画もつくっています。また、世にはまだあまり知られてはいないものの、「スター養成部」をつくり、小さなものではありますが、プロダクションまで持っていますので、そういう芸能系、芸術系のほうにもウイングを伸《の》ばしつつあるところではあります。

そういう意味で、この「人気の秘密」や「ヒットの秘密」といったものを探《さぐ》っていくと、テレビや映画だけの話ではなく、世間全般《せけんぜんぱん》の企業《きぎょう》等、それ以外の世界でも、「個人においても組織においても勝っていくための方程式」のようなものが見えるのではないかと思うのです。

今、この世の中においては、世間の支持や評判を得て成功しないものは、ほとんどありません。

したがって、「なぜ人気が出てくるのか」「なぜヒットするのか」「なぜ評判なのか」

●スター養成部　芸能分野で活躍する人材の輩出を目指して創設された養成スクール。

ているます。

というところを探ることは、やはり、「『成功の法則』の研究」の一環《いっかん》であると考えています。

宗教としては少し逸脱《いつだつ》したように見える面もあるかもしれませんが、私としては、今後、日本社会が不屈の精神で立ち直っていってくれることを願っていますので、そういう意味で、ドラマを通して、そういうものをつかめたらよいのではないでしょうか。

そういうことで、世間的には、みな、ヒットは知っているのだけれども、その秘密については、なかなか分からないものもあるでしょう。

また、もし、雑誌や週刊誌が同じテーマでやったとしても、結局、いろいろな人に取材して回って意見を聞くぐらいしか方法はないでしょうから、今日は、大ヒットドラマの主役をした堺雅人さんの「本心」について、その守護霊《しゅごれい》のところに斬《き》り込み、本人がどんなふうに見ているのか、あるいは、どんな指導をしているのか等についても知りたいと思います。

ドラマ「塚原卜伝《つかはらぼくでん》」主演が「戦って勝つ男」への転機？

大川隆法　意外に、「ドラマ『塚原卜伝《つかはらぼくでん》』のあたりが、堺さんのターニングポイントだったのではないか」という気がしなくもありません。この、「絶対負けない剣豪《けんごう》」を演じたことが、あとの弁護士でも、銀行員でも、「戦って勝つ」という〝遺伝子〟に大きく影響したような気がするのです。

ただ、塚原卜伝役をしてはいますが、彼自身は剣道をした経験があったわけではないと聞いています。私は剣道の経験があり、日本刀《にほんとう》での居合《いあ》いをしたこともあるので、日本刀の使い方を知っているのですけれども、そういう人間から見ても、演技としてはなかなか上手にできていたと思います。よくやっていたのではないでしょうか。

あのあたりから自信が出てきて、「脇役」から「主役」の〝戦って勝つ男〟に変身したのではないかという気がします。

そういう意味では、銀行員の「半沢直樹」のなかでも道場で剣道をするシーンがよく出てきましたが、その性格に影響はしたと思いますし、「リーガルハイ」においても、弁護士ではあるけれども徹底的《てってい》に「どうしても、戦って勝つ」という部分が出てきています。

ハリウッド映画には、戦闘物、バトル物がそうとうあって、さまざまな武器を駆《く》使《し》して戦うものが多くありますが、やはり、「勝つ」ということは、アメリカにとっても大きなテーマでしょうし、そうしたテーマが日本にも出てきたのではないかという感じがします。

戦争に「負けた」ということで、戦後七十年近く、ずっと忍耐《にんたい》、忍従《にんじゅう》してきた日本人が、今、「勝ち」ということに、目覚めつつあるのではないかという気がしてなりません。

そのようなわけで、硬派《こうは》の思想や本等でなく、こうしたサブカルチャー的な、国民的なムードや人気のようなものが、大きく世論《せろん》を変えていく力になることもあるので、政治的にも宗教的にも、見逃《みのが》してはならない点なのではないでしょうか。

俳優・堺雅人の守護霊を招霊《しょうれい》する

大川隆法　以上を前置きにしまして、今日は、映像関係の専門家や「視聴者《しちょうしゃ》」としてドラマを観た方が質問者として来ておられるようですので、忌憚《きたん》なく〝突《つ》っ込み〟を入れて、何か面白い意見なり発見なりを引き出せればよいと思います。

芸能の世界も、俳優・女優とも、非常に熾烈《しれつ》な競争をしていますし、歌手が続々と俳優・女優に転身したりもしていますので、人気稼業《かぎょう》としては、競争や、浮沈《ふちん》、変転が激しいと思われます。

そのなかで、堺さんは、下積みをしながらだんだん力を伸ばし、四十歳の年には日本アカデミー賞の「優秀主演男優賞《ゆうしゅうしゅえんだんゆうしょう》」も受賞していますので、まだ期待できる方なのではないでしょうか。

これ以上、説明するのも何ですので、質問者は、どうぞ容赦《ようしゃ》なく、さまざまな角度から〝球〟を投げ、堺さんの守護霊が古美門弁護士のように切り返してくるかどうか（会場笑）、あるいは、本人はグニャッとしているかどうか、そのへんを少し試《ため》したいと思います。よろしくお願いします。

それでは、昨年、ドラマの世界で非常に活躍《かつやく》なされた堺雅人さんの守護霊をお呼びしまして、その「ヒットの秘密」「成功の秘密」に迫《せま》りたいと思います。

堺雅人さんの守護霊よ。堺雅人さんの守護霊よ。

どうぞ、幸福の科学教祖殿《きょうそでん》に降りたまいて、われらにその秘密の一端《いったん》なりとも明かしたまえ。

堺雅人さんの守護霊よ。

どうか、幸福の科学教祖殿に降りたまいて、その成功の秘密の一端なりとも明かしたまえ。

（約五秒間の沈黙《ちんもく》）

2 日本人の共感を呼ぶ「新しい勝ち方」

俳優が「シナリオなし」で臨《のぞ》むスピリチュアル・インタビュー

堺雅人守護霊　（眉間《みけん》を人差し指で押《お》さえながら）あっちゃー……、これは大変だな。

竹内　おはようございます。

堺雅人守護霊　大変なところに見つかっちゃいましたね。

竹内　本日は、ようこそ……。

堺雅人守護霊　（額《ひたい》に手をかざし、首を振《ふ》る）いやあ、何かの間違《まちが》い。ちょっと間違い……。

竹内　幸福の科学教祖殿《きょうそでん》大悟館《たいごかん》にお越《こ》しいただきまして、ありがとうございます。

堺雅人守護霊　私は、シナリオがないと、何もできないんですが……。

竹内　今日は「シナリオなし」でお願いします。

堺雅人守護霊　いやあ、困ったなあ……。

竹内　はい（笑）。

堺雅人守護霊　いや、あの、〝化《ば》けてる〟のと、実際とは違うから。

竹内　はい。

堺雅人守護霊　「ドラマの主役」と「本人」とが、あんまり違いすぎたら、衝撃《しょうげき》が走るんじゃないんですか。

竹内　そこもまた、観《み》ている方々は興味をそそられるところですので。

堺雅人守護霊　うーん、参ったなあ！　裏を見られるのはちょっとまずいなあ。（胸の前で両手を振る）舞台裏《ぶたいうら》は駄目《だめ》なんですよ。舞台裏を見せちゃ駄目なんですよ。表《おもて》だけを見せないと。これが俳優の世界なんですよ。表だけなんですよねえ。

視聴率《しちょうりつ》四十パーセント超《ご》えで「時の人」、堺雅人の今の心境は？

竹内　本日は、堺雅人さんの「人気絶頂男の研究」というタイトルなんです。

堺雅人守護霊　そんなすごい題を付けられても、ちょっと困るな。「絶頂」だと、次は、「絶壁《ぜっぺき》」から落ちるんじゃない？（会場笑）

竹内　いや、まだまだ続くかもしれません。

堺雅人守護霊　え？　もう終わりかも。もう終わりかもしれない。今年は、「黒田《くろだ》官兵衛《かんべえ》」あたりに負けて、パタッと消えるかもしれない。

竹内　でも、昨年は、本当に、「リーガルハイ」も話題になりましたし、「半沢直《はんざわなお》樹《き》」などは視聴率《しちょうりつ》四十パーセントを超《こ》えました。

堺雅人守護霊　うーん？

竹内　さらに、日本アカデミー賞では、「優秀《ゆうしゅう》主演男優賞」を。

堺雅人守護霊　そうねえ。まあ、それにしても、いい年ではありましたね。

竹内　ええ。まさに「時の人」である堺さんをお招きできて、今日は本当に光栄でございます。

堺雅人守護霊　いやあ、宗教家に調べられるなんて、なんか、光栄なような恐《おそ》ろしいような。

竹内　いいえ（笑）……。

堺雅人守護霊　いやあ、いやあ、怖《こわ》い……。こわーい企画《きかく》ですねえ。こんなの。女性誌でも噛《か》みついてきそうな感じじゃない？　これ、ほんと、取材に来たいぐらいじゃないですかねえ。

松本　もう、たくさんの人が「取材したい」と思っていますよ。

堺雅人守護霊　でしょうね。だけど、本人を取材しても分からないからねえ、本当は。

竹内　そうですね。実は、去年の年末にも、マスコミが堺さんを取材したときに、

「今年はどんな年でしたか」と伺《うかが》いましたら、「こんなにしゃべった年はなかった」と答えられていたのです。台詞《せりふ》も多かったので……。

堺雅人守護霊　ああ……（笑）、それはそのとおりだ。

竹内　もう修行僧《しゅぎょうそう》がお経《きょう》を唱《とな》えるように、毎日毎日、台詞を暗誦《あんしょう》していて……。

堺雅人守護霊　うーん、まあ、そりゃそうだ。

竹内　「来年の抱負《ほうふ》は？」と訊《き》いたら、「無口《むくち》です」と。

堺雅人守護霊　アハハハ……、ハハハ……。

竹内　そういうことも、おっしゃっていまして、かなり、あの……。

堺雅人守護霊　うん、うん。次は、禅僧《ぜんそう》かなんかで、何もしゃべらずに座《すわ》ってる役がいいなあ。

竹内　ご本心はけっこう隠《かく》しながら、お茶目《ちゃめ》に答えられてるなあと思ったのですけれども。

堺雅人守護霊　うーん……。

質問攻《ぜ》めにも「負けるわけにはいかない」と意気込《いきご》む堺守護霊

竹内　まず最初に、空前の大ヒットを飛ばした去年を振り返りまして、守護霊様のご本心として、どのようにお考えになっているのでしょうか。

堺雅人守護霊　いやあ……。

竹内　これは、おそらく、日本全国の人がお訊《き》きしたいところだと思うんですよね。

堺雅人守護霊　いや、参ったね。宗教で取り調べですか？　これ、〝裁判〟だね？

竹内　いやあ、まあ、そんなようなものです（笑）。

堺雅人守護霊　法廷《ほうてい》！　法廷だね。

竹内　ええ、〝法廷〟と思っていただいて結構です。

堺雅人守護霊　あんた、検事、検事？

竹内　ええ。あの……。

堺雅人守護霊　裁判官は……？　裁判官がいない？（会場を見て）ああ……、傍聴《ぼうちょう》席はあるんだな？

竹内　傍聴席。はい、はい。

堺雅人守護霊　うーん、まあ、傍聴者はいるんだけど、〝裁判官〟がいないですね。裁判官がどこにも……。

竹内　〝裁判官〟は、エル・カンターレがいるので、大丈夫です（笑）。

堺雅人守護霊　ああ、そうですか。まあ……、困ったねえ。負けるわけにはいかない。

竹内　はい。

堺雅人守護霊　「不敗神話」が敗れるというのは……。

反乱を起こしながら出世する銀行員「半沢直樹《はんざわなおき》」でスカッと！

竹内　では、まず、去年のご感想はいかがでしょうか。

堺雅人守護霊　うーん、まあ……、「常識を外したところがある」という感じかなあ。

例えば、「半沢直樹《はんざわなおき》」だったら、銀行っていうのは、もう上下《じょうげ》がはっきりしてて、入行年次《にゅうこうねんじ》をすっごく言うところですから。まあ、役所にも似て、入行年次をすごく言うところでございますけど、「反乱を起こしながら出世していく」なんていう、ありえないようなことをやってのけた。

まあ、そういう意味で、何て言うのかな、「景気が悪くて、鬱屈《うっくつ》が溜《た》まっていて、出世しない人たちをスカーッとさせた」というところだろう。

「半沢直樹」
メガバンクの銀行員が内部不正と戦う小説(原作・池井戸潤)を原作とするテレビドラマ(2013年放映)。

常識逆転の弁護士「リーガルハイ」でスッキリ!

堺雅人守護霊　「リーガルハイ」は、まあ……、私も、そんなに法律をよく知ってるわけでも何でもないんだけども、「法律の世界をコメディにしていいのかどうか」

っていうのは、実は、「怒《おこ》られるんじゃないか」と思って、ほんとにこわごわやってたしね。

法律の専門家から見たら、「あれはねえだろう」「いくら何でも、あれはひでえ」っていうのは、きっとあったんだろうとは思う。

まあ、そりゃあそうだよねえ。裁判所で机の上へ上がって演説ぶったりするなんて、そんな目茶苦茶《めちゃくちゃ》なことはあるわけがない感じなんですけども。

あれも、ちょっと常識を破った部分はあるかなあ。

そういう意味で、「スカーッとした」っていう面はあって、まあ、でも、複雑な、性格俳優ではあったよね。

だから、法律に強いだけの弁護士で、金儲《かねもう》けだけを目指してるように見えつつ、それ以外の面がチラチラと見えてくるところがあったあたりが、まあ、謎解《なぞと》き風《ふう》で、人間の複雑性を上手に描き出してたわねえ。

それから、相棒役の「黛《まゆずみ》（真知子《まちこ》）弁護士」という女性弁護士に対しても、あれはどう見たって、毎回セクハラをやってるとしか思えない……。もう侮辱《ぶじょく》の連続でね。この世の女性で、あれだけ長い侮辱の言葉を浴びせかけられて、怒らないでいられる人がいるとは、私には思えないんですがね。「そのセクハラをしているのが弁護士である」っていうことですよねえ。弁護士があんまり長い台詞を早口でまくし立てるために反論ができないようなセクハラを、平気でやっておりましたが。

あれも、ほんと、「セクハラ、セクハラ」って言われて、「訴《うった》えるぞ」って脅《おど》されて、ちっちゃくなってるサラリーマン男たちにとっては、非常に〝スッキリ〟したんではないかな。

「いやあ、あのくらい言ってみたいなあ」「もっと流行《はや》ったら、（自分も）言ってもいいんじゃないか」と思うようなところもあったかもしれないので、そういう意味では、まあ、常識の逆転みたいなものが、一つ入ってたかねえ。

絶対に勝つヒーローは「ネオ・ジャパニーズ・ドリーム」だ！

堺雅人守護霊　それから、おたくの本にも、塚原卜伝《つかはらぼくでん》をイチローに重ね合わせたようなところもあったようだけれども、まあ、確かに、今、「『勝ち続けるヒーロー』みたいなのが欲《ほ》しいのかなあ」って。日本として？　「負け戦《いくさ》」の言い訳みたいなものを一生懸命《いっしょうけんめい》にずーっとやってるようなのが、今、この国民性を腐《くさ》らせてるところはあるからねえ。

私なんかは、スーパーマンやスパイダーマン、バットマンみたいな、あんなんじゃないけども、「疑似英雄《ぎじえいゆう》」みたいなものとして、身近なところにありえるようなものだよね。

例えば、「銀行員だけど、庶民《しょみん》の味方で、ガチガチの官僚《かんりょう》体質の上層部に対して刃向《はむ》かっていってくれる英雄」とかですね。

『天才打者イチロー 4000 本ヒットの秘密』
イチロー守護霊が語るプロフェッショナルの流儀。過去世は、剣豪・塚原卜伝と明かされた。
（幸福の科学出版）

それから、「弁護士として雇《やと》うときの費用は高いけど、『勝つか負けるか分からない』っていう不安で、みんな悩《なや》んでるものを、絶対に百パーセント勝つ」っていうあれですね。日本だと、弁護士はそんなに宣伝したらいけないことになってるけど、まあ、アメリカなんかだと、もうちょっと勝率を言うようですがね。

ああいう、「『絶対勝つ』って言うんだったら、お金をなんぼ出すか」っていうのは、弁護士業界にとっては、実は画期的な提案ではあるんですけどね。

「『絶対勝つ弁護士』だと言ったら、いくらの値段がつくか」っていうの？　あれは面白《おもしろ》いところでもあるんですが。人格は破綻《はたん》してますけどね。「人格破綻者ではあるんだけど、でも強い」っていうの？　だから、「世の中には、そういう勝ち方もあるんだ」っていうものを、ある意味では提示したのかもしれないよねえ。

だから、ほかのところでは、もう全然でたらめで駄目なんだけど、「ここについてはものすごく信用できる」とか「勝てる」とか、そうした一本勝負で、「そこだけは信じられる」みたいな人間でも、「全部引《ひ》っ繰《く》り返して成功者になれる」っていうような像を描いたあたりが、多くの共感を得たんじゃないかなあ。

みんな、何か一つぐらいならできる人はいるんだけど、全体的には、負けてるっていうか、負け越しの人が多いと思うのね。それをこう、「全部引っ繰り返していって勝者になる」みたいな。

このへんのところは、ドラマに、「ネオ・ジャパニーズ・ドリーム」的なところがあったんじゃないかねえ。ええ。

3　脇役《わきやく》から主役にのし上がった「秘密」

徹底的《てってい》に「強い役」を演じたことが大きな転換点《てんかんてん》だった

竹内　やはり、その「時代の動き」といった、世間《せけん》の人々の考え方を感じながら演じていたのですか。

古美門研介《こみかどけんすけ》にしても、半沢直樹《はんざわなおき》にしても、それを感じながら、今の日本人に対して、「新しいヒーロー像」を提示したいという思いを、強く込《こ》めていたのでしょうか。

堺雅人守護霊　どうだろうかねえ……。ちょっと分かんないが、さっき、ちょっと変な紹介《しょうかい》が……。いや、「変」って言ったらいけない……。〝裁判官〟に対して失礼を言ってはいけないが、まあ、怪《あや》しげな紹介もあって、なんか、「菅野美穂《かんのみほ》と結婚《けっこん》したあたりが影響《えいきょう》しているのではないか」みたいなことも、ちょっと言われたけど、まあ、女優としては格がありましたからねえ。

その意味では、やっぱり、男として何とか頑張《がんば》らなきゃいけないんで、この世的なものもあったのは事実かと思います。

今まで、自分のなかでは、わりに脇役《わきやく》が多くて、「ちょっと変な脇役」とか、「ちょっとニヤけた脇役」みたいな、印象の薄《うす》いのが多かったんだけど、それが、徹底《てってい》的に「強い役」を演じるということで、新しいイメージをつくり出したっていうか、まあ、そういうところだね。

やっぱり、その「強い」「勝てる」イメージっていうのは、はっきりとした主役のイメージですから。

だから、まあ、このへんが大きな転換点《てんかんてん》だったと思うし、「自分に自信が出てきた」っていうところはあるのかもしれないねえ。

連ドラでも、私の「半沢直樹」のあと、キムタク（木村拓哉《きむらたくや》）の「安堂《あんどう》ロイド」

●「安堂ロイド」　木村拓哉主演のテレビドラマ（2013年放映）。「半沢直樹」の時間枠で放映された後番組として話題になった。

があって、「キムタク、プレッシャーかかる」なんていうのが書かれてるのを見たら、なんか、ちょっとうれしいものはありましたよね。あの「高視聴率男《こうしちょうりつ》」でねえ。

竹内　ああ、やはり、そうなんですか。

堺雅人守護霊　あれは、もとから、高視聴率しか取れない男だから。そのキムタクに、「あのあとができるか」みたいなので、ちょっとプレッシャーがかかってて、実際上、やっぱり、視聴率にはかなり差がありましたんでね。私のほうのが、三倍ぐらいあったかもしれないので。

うーん、まあ、やっぱり、スッキリした、いい年でしたねえ。「リーガルハイ」でないけど、なんか、「チューハイでハイ」になりたい感じですかなあ。

竹内　（笑）（会場笑）

松本　（笑）確かに、今、視聴者のほうにも、「脇役で長く活躍《かつやく》されていた方が主役に躍《おど》り出た痛快感《つうかいかん》」というものがあると思います。

堺雅人守護霊　うーん。

松本　やはり、「初めから、この人は主役」というかたちではない人が……。

堺雅人守護霊　そういう人もいるからねえ。二枚目のねえ。

松本　ええ。それが、突然《とつぜん》出てきた感じも、ちょうど役のイメージとも合っていたのかなあと思うんですよね。

堺雅人守護霊　うーん……、そうなの。だから、脇役で下積みが長かった部分が、普通《ふつう》の、出世しない、うだつの上がらない、世の〝サラリーマン種族〟にウケたんだろうね。

たぶん、中年世代が急に躍り出してくる感じに、ちょっとミートしたんじゃないかと思うし、主婦層から見れば、「うちのダメ親父《おやじ》が、突如《とつじょ》、こんなに変身したらどうしよう」「会社でこんなふうに変身してたらどうしよう」みたいな感じの期待もあったのかもしれないね（会場笑）。

だから、二枚目で、最初からバーッと来るような、何て言うかなあ、SMAP《スマップ》系の、歌手でも俳優でも、もう最初から主役が決まってるみたいな感じの人もいるけどね。まあ、そんなのとは、ちょっと違《ちが》うタイプの上がり方だから。

脇役《わきやく》時代は「主役を目立たせて稼《かせ》いでいた」

竹内　私が堺さんのファンになったのが、実は、二〇〇四年の大河《たいが》ドラマの「新選《しんせん》組《ぐみ》！」にご出演されたときです。確か、あれが、一気にブレイクしたときだったと思うのですが。

堺雅人守護霊　うーん……。

竹内　「新選組！」を観《み》たときにびっくりしたことがありまして、先ほどおっしゃった、ＳＭＡＰの香取《かとり》慎吾《しんご》さんが、主役の●近藤勇《こんどういさみ》役を演じていて、堺さんは●山南敬助《やまなみけいすけ》役を演じていたので、正直に言うと、主役級ではない脇役《わきやく》ではありました。ですが、なぜか、毎回毎回注目されていて、脇役でありながら、その存在感や魅力《みりょく》に惹《ひ》かれ、その台詞《せりふ》などに、どうしても注目してしまったんです。

「新選組！」
香取慎吾主演のＮＨＫ大河ドラマ（2004年放映）。

●**新選組（新撰組）**　幕末期に結成された浪士の武力組織。（写真：新選組局長・近藤勇〈1834〜1868〉。山南敬助〈1833〜1865〉は新選組副長、総長を務めたが、のちに脱走を図り、切腹）

堺雅人守護霊　うーん……。

竹内　周りの人に聞いても、やはり、同じようなことを言っている人が多々いまして、また、そのあと、大河ドラマ「篤姫《あつひめ》」で、徳川《とくがわ》家定《いえさだ》役を演じられたときも、やはり……。

堺雅人守護霊　うーん、あれは、ちょっと、ボケ役？　バカ役？

竹内　ええ、まあ、ボケ役でしたけれども（笑）、やはり、すごく人気が高かったんです。主役ではない脇役というところが、ある意味、「マイクロヒッ

徳川家定（1824 ～ 1858）
江戸幕府第13代征夷大将軍。篤姫（天璋院）は家定の正室。

ト戦略」であるのかもしれないのですが、そのなかで光らせるものというのは、いったい何があるのでしょうか。

堺雅人守護霊　何か、「主役を目立たせて稼《かせ》いでる」っていうところだったんじゃないかねえ。

竹内　ああ……。

堺雅人守護霊　香取慎吾なんて、どこへ出ても、主役がいっぱいあるからさあ。いったい、どれで出たんだか分からないぐらい。

竹内　はい。そうですね。

堺雅人守護霊　どれに出ても主役でしょう？　だから、「彼が主役で出たやつを全部挙げてみろ」っていったって、みんな、そんな簡単に言えないぐらいある。ある程度の視聴率だって必ず取って、主役で当たってるし、まあ、ほかの人もそうですけどねえ。SMAPなんかだったら、みんな、主役が取れる人たちでしょうけども。

脇役で主役を光らせるっていうのは、なかなか難しいよね。その脇役をやった人が主役になるっていうのは、なかなか難しいところで。

「主役か脇役《わきやく》か」は初めから決まっている

堺雅人守護霊　うーん、まあ……、なんだろうかねえ。演劇は、高校時代から興味があって、やってはいたんだけど、いやあ、プロ野球で言うと、あれだねえ、「ドラフト指名」みたいなもんかな。

ドラフト一位の指名を受ける人っていうのは、夏の甲子園《こうしえん》野球を決勝まで観てたら、素人《しろうと》でも、だいたい分かってるよな。

俳優の世界にも似たようなところはあるので、「もう、これは主役しか使えない」っていう人は、最初から決まってはいるよね。堂々たる主役級の人っていうのはいる。だけど、(自分の場合は) 場数《ばかず》を踏《ふ》んで、だんだんに芸を磨《みが》いて、そういう名脇《めいわき》役《やく》ができてきて、味があるのが出てきたら、「ちょっと (主役に) 使ってみようか」っていう変わった人が出てきて使ってくれる。そのときに、期待以上の成果を挙げて、「ちょっとこれ、もしかしたら化《ば》けるかも」みたいな気持ちを持たれたときに、また使ってくれるっていう、あれかなあ。

私は、けっこう〝下積み男〟だと思ってますよ。

まあ、その意味で、(俳優業が) 好きではあったけど、そんなに天性の才能があるようには思わないし、いわゆる肉体派で、すごくかっこいいのができるような役者でもないし、まあ、ブサイクとまでは思わないけども、二枚目っていう意味じゃあ、別に、あんた (竹内) に勝てるほどでもないぐらいだと思うんですよ。

竹内　いえいえ（笑）、そんな……。

堺雅人守護霊　地顔《じがお》では、あんたぐらいでも、十分、私を追い越《こ》して主役ができるぐらいじゃないかと思うんですけど。

まあ、そうした、「一部、庶民《しょみん》性を持って出てきて、エリートになった」みたいな感じの気分かなあ。

竹内　ある意味、「半沢直樹」を地《じ》で行ってるような気がします。

堺雅人守護霊　地でねえ。半沢……。

松本　そうですね。これは、たいへん珍《めずら》しい例だと思うんです。

堺雅人守護霊　うーん。

松本　おっしゃっているとおり、普通、主役は、初めから主役になるべくして……。

堺雅人守護霊　いやあ、そうなんですよ。そうなの。

松本　脇役の方も、ずーっと長年、「とりあえず、いつも脇役」と決まっているわけですよね？

堺雅人守護霊　そう、そうなんです。脇役はねえ、だいたい顔で決まってくるよね。

松本　ええ。もう決まっていて、「脇役から主役になる」というのは、めったにない例だと思うのです。

堺雅人守護霊　だいたい、顔と体格で見ているのよねえ。

松本　はい。

堺雅人守護霊　いったん主役を張ったような人を脇役に使うって場合は、「友情出演」とか「特別出演」とか、別枠《べつわく》にしないと、なかなか出せないですよねえ。

松本　ええ。これは、たいへん珍しい例だと思うんですよね。

堺雅人守護霊　うーん。

結婚《けっこん》後は「男の意地」のようなものがあった

松本　たいへん失礼ながら、例えば、堺さんも……。

堺雅人守護霊　「失礼ながら」っていう言葉は怖《こわ》いな。

松本　いえ（笑）。堺さんも、少し前までは、〝菅野美穂の旦那《だんな》〟という感じがありまして（笑）、失礼ながら、どちらかというと、彼女のほうがメインというイメージもあったと思うのです。

それが、今や、一気にイメージが逆転しているようなところまできていると思います。

堺雅人守護霊　いやあねえ、やっぱり、「男」を見せないと。

「大奥《おおおく》」の、「女性が将軍で、男をはべらせる」みたいな〝女王蜂《じょおうばち》〟の世界は、今のような女性たちには、非常に気分がいい世界であろうとは思うし、たまには面白《おもしろ》いとは思うが、こちらとしては、「ははーっ」としながらも、「男の意地」みたいなのがあるわなあ。

あんた、ないか？

松本　いやあ、本当ですね。

堺雅人守護霊　やっぱり、あるよなあ？　うーん、だから、もしかしたら、（斉藤に）あんたの下に仕えてる男たちは、みんな同じなんじゃないか。ええ？　「いずれ上司になって、いじめてやろう」と思ってるんじゃないか。

斉藤　いえ、今も、みなさんから十分に勉強させてもらっています。いろいろと教えていただいています。

堺雅人守護霊　そうかなあ。うーん。まあ、やっぱり、男は「男」にならないとねえ。結婚をする前から離婚《りこん》の危機があるような感じが、ちょっとありましたから。

いや、「女房《にょうぼう》のほうが格が上」っていうのは、やっぱり、つらいよねえ。

松本　あ、やはり、つらかったですか（会場笑）。

堺雅人守護霊　そりゃあ、そうじゃないですか。

松本　（笑）はい。

堺雅人守護霊　俳優だろうと、歌手だろうと。そう、そう。だから、歌手だったら、山口百恵《やまぐちももえ》が……、三浦友和《みうらともかず》とだっけ？

松本　ああ、そうですね。はい。

堺雅人守護霊　彼と結婚したとき、すぐに、パッと、主婦になったでしょう？

松本　ええ、退《ひ》かれましたね。

堺雅人守護霊　あれは、頭がいいと思ったねえ。たぶん、（芸能活動を）続けたら、夫のほうが消え込んでいくと見えたんだろうね。

いつも、何十万枚も売り上げを出すようなトップ歌手だったからねえ。サッと退いた。儲《もう》けるだけ儲けてサッと退いた。

あのへんの賢《かしこ》さは、何とも言えないものがありましたけど、まあ、今の時代だと、なかなか、そんな簡単には辞《や》めさせてくれないからね。事務所が、そう簡単には辞めさせてくれないので、そうはいかないとは思う。
ただ、ウィン・ウィン（win-win）関係でいくとしたら、やっぱり、「私もまた、トップスターに上がっていくのがウィン・ウィンかなあ」っていう感じはあったよね。

妻と「釣《つ》り合わない」と言われるのは嫌《いや》だった

竹内　冒頭《ぼうとう》では、大川隆法総裁も、「菅野美穂さんという方は、すごく霊的《れいてき》なバイブレーションを感じる」とおっしゃっていました。

堺雅人守護霊　そうなんだ。なんか、「四谷怪談《よつやかいだん》」のお岩《いわ》さんをやってから（二〇〇二年テレビドラマ）、霊力が付いて付いて、もう大変らしいなあ。

松本　（笑）それを実感されているのですか。

●四谷怪談　夫に騙された女性・お岩の悲劇と復讐を描いた江戸時代の怪談。落語や演劇、映画等で繰り返し上演されている。

堺雅人守護霊　いやあ、あの人は感じるんじゃないですか。幽霊《ゆうれい》とか霊感とかを、なんか感じる人なんじゃないですか。

竹内　先ほど、大川総裁も冒頭でおっしゃっていたのですが、やはり、菅野美穂さんと結婚したことで、主役になるような、何か霊的な大きな〝悟《さと》り〟があったのでしょうか。

堺雅人守護霊　いや、「あげまん」だったと言えば、彼女は喜ぶとは思う。まあ、そんなに、家で演技指導を受けてるわけではないんだけども、やっぱり、「釣《つ》り合わないと言われるのは

堺雅人と菅野美穂は、映画「大奥」での共演をきっかけに交際を始め、2013年4月に結婚。

嫌《いや》だ」っていう感じはあるわなあ。

竹内　菅野美穂さんから、どのような影響を受けたのですか。「勝利の女神《めがみ》」の神秘的な力を授《さず》かった？

堺雅人守護霊　うーん……。先ほど、総裁がおっしゃったように、何か神秘的な力は、確かに持ってるね。神秘的な力は持ってる。あれは、霊的なものだな。何か霊的なパワーがある。

「塚原卜伝《つかはらぼくでん》」をやったときに、その感じが、私にもちょっと出てきた感じかなあ。

あれは、「鹿島《かしま》の神の力を受けて神剣《しんけん》を振《ふ》るう」っていう、いわゆる、ライトセーバーを振るう「スター・

「塚原卜伝」
剣豪の名勝負を描いた歴史小説（原作・津本陽）をテレビドラマ化（2011 年放映）。

ウォーズ」みたいなあれだったわけだけども、「極意《ごくい》」っていうかなあ。あのときに、自分も、神が乗り移ってくるような「極意」みたいなものを体得したような感じが、ちょっとしたんだよな。

それが、半沢とか、あるいは、古美門のときとかにも乗り移ったような感じは、ちょっとありましたよ。「勝利の女神《めがみ》が乗り移ってきた」っていう感じかな。

結婚《けっこん》の決断は「ジャンプ」を決めた男の意地

竹内　ではなぜ、そのようになれたのですか。

堺雅人守護霊　うーん……。何でだろうねえ。そこは難しいところだけど、結果論だからねえ。「視聴率」とか、「人気が出た」とかっていうのは結果論なんで、最初から意図してそうなったとは、必ずしも言えないんだけどね。何でだろうねえ。まあ、でも、男だったら、会社にヒラで入っても、「社長になりたいなあ」なん

●「スター・ウォーズ」　1977年から公開されているSF映画シリーズ。製作総指揮ジョージ・ルーカス。ライトセーバーは、クリスタルから発する光のエネルギーを刃とする特殊な剣。

ていうことを、新入社員の半分ぐらいは思っていて、十年ぐらいたったら、もうほとんどいなくなってる（笑）。たぶん、「何とか、課長ぐらいまではいけないかなあ」とかいうのが、半分ぐらいに減るんだろうと思うんだよね。

だけど、年期を経て、「二十年選手が、そこから夢を持ち始める」っていうのは、確かに、普通じゃない面はあるわなあ。

だから、何て言うのかなあ。例えば、スキーでジャンプするときの、スーッと滑《かっ》降《こう》してくるところが「下積み」のところだ。スーッと滑降したけど、それが、ただ、坂を下るだけではなくて、ジャンプ台が付いてるかどうかだよね。山を滑降するなら滑降するでいいんだけど、ジャンプ台が付いていれば、そこからあと、ジャンプでバーッと、百何十メートルと飛ばなきゃいけないわけね。

そのジャンプ台が付いてたら、それは、主役および、アカデミー賞みたいなものにつながっていくということで、ジャンプ台が付いてない人は、下っていくだけだから、脇役のまま年を取っていくしかないというところだよねえ。

だから、まあ、やっぱり、「男の意地」みたいなのが、ちょっとあったのかなあ……。

松本　その「男の意地」が、ジャンプ台、踏切台《ふみきりだい》に当たったということでしょうか。

堺雅人守護霊　ちょっとあったんじゃないかなあ。あるいは、結婚したときに、実は、「そのジャンプ台を飛ぶことを決めたのかもしれない」っていう気もするけどなあ。

4 堺雅人を指導している「神」とは

家に「怪《あや》しのもの」が出入《ではい》りし始めた

竹内　霊的《れいてき》に、何か新しい指導が始まったのでしょうか。

堺雅人守護霊　うん、それはちょっとなんかねえ……。いや、私は霊だから言うけど、やはり、なんか、「怪《あや》しのもの」がいろいろと出入《ではい》りし始めたような気は……。

松本　「怪しのもの」とは？

堺雅人守護霊　まあ……、家にねえ、ちょっと怪しげな「あやかし」が出入りしたような気は、ちょっとだけあるねえ。

竹内　具体的には……。

堺雅人守護霊　うーん……。何だか分からないんだけど、やっぱり、芸能系は芸能系で、マーケットは広いからさあ。まあ、霊界《れいかい》から指導してる人たちはいろいろといるんだろうと思うんだよ。

だから、われわれ芸能人にとっては「芸能界の神」だろうけども、国民を楽しませるようなものの出入《でい》りは、ちょっと増えたような感じがしますねえ。

松本　そこのところに、たいへん興味があるのですが（笑）。そういう方というのは、どのような霊の方なのでしょうか。

堺雅人守護霊　うーん……。まあ、それは企業《き ぎょう》秘密であるので、そんな簡単に明かすわけには……。

竹内　今日は、エル・カンターレという〝裁判長〟がいらっしゃいますので、嘘《うそ》はつかないほうがよいかと……（笑）。

堺雅人守護霊　エル・カンターレは、「芸能の神」を兼《か》ねてるかどうか……。

竹内　兼ねております。

堺雅人守護霊　兼ねてる？　あ、そう？

松本　根源の神ですから。

堺雅人守護霊　そうなんですかあ。うーん。いや、むしろ、逆に言うと、あなたがたが、こちらのほうに近づいてきているから、私たちの姿がちょっと見えるようになってきているんじゃないですかねえ。〝下々《しもじも》の者〟にも光を当てようとされておられるから、見えてきたんじゃないでしょうか。

時代の変換期《へんかんき》の「勝負の神」が乗り移っているような気がする

竹内　先般《せんぱん》、「ＡＫＢ48は竜宮界《りゅうぐうかい》のご指導を受けている」ともお聞きしています（二〇一三年十一月十六日収録「竜宮界の生活を描写《びょうしゃ》する」）。

堺雅人守護霊　あ、そうお？　そうだったんですか。竜宮界ですか。うーん。竜宮界にしては、

『AKB48 ヒットの秘密』
AKB48をプロデュースした秋元康氏守護霊が語る大ヒットの秘密。
（幸福の科学出版）

ちょっと派手に動きすぎるなあ。

竹内　そうですか（笑）。

堺雅人守護霊　もうちょっと優雅《ゆうが》でもいいんじゃないですかねえ。竜宮界っていったら、やっぱり、クラシックバレエぐらいで止《と》めておかないと、まずいんじゃないでしょうかね。

竹内　進化されているようで……。

堺雅人守護霊　あ、現代の竜宮界は違《ちが》うのかなあ。忙《いそが》しいのかなあ。音楽は変化……。

●竜宮界　湖や海岸線等、水に関係した地域に縁のある霊界で、主に女性霊が住み、心の清らかさを尊ぶ、美と調和に満たされた世界。これを外護する龍神も存在する。

竹内　堺さんはどちらの……。

堺雅人守護霊　今は、ちょっと、「勝負の神」のほうを引いてきてる感じがするから。うーん……。何だろうかねえ。

まあ、私のような者にはよく分からないんだけど、感じとしてはね、やっぱり、時代をつくるときには、「戦《いくさ》で勝ったか、負けたか」みたいなので、大きく時代が変わるじゃないですか。ね？　そういうときに微笑《ほほえ》む「勝利の女神《めがみ》」じゃないけども、なんか、時代をつくるときに勝たせる役割をしている神様みたいなのがいるような気がする。

それで、まあ、芸能部門ではあるけども、そういうふうな神様が、ちょっと何か力を下さってるような感じがしてしょうがない。

松本　その神様というのは、軍神《ぐんしん》ではありませんよね？

堺雅人守護霊　うーん……。まあ、もしかしたら、軍神も兼ねていらっしゃるのかもしれないけど。

松本　兼ねていらっしゃる……。

堺雅人守護霊　軍神以外の幅《はば》もある方なんじゃないかとは思うんですがねえ。ちょっと、何か乗り移ってくるような気がしますね。

夫が語る菅野美穂《かんのみほ》の「過去世《かこぜ》」の姿

松本　やはり、その方は、菅野《かんの》さんと縁《えん》のある方なのですか。

堺雅人守護霊　いやあ、菅野美穂《みほ》は、ちょっと別格なので……。

松本　別格ですか。

堺雅人守護霊　うーん……。あれは、ちょっとシャーマン的な能力を持ってる感じなので。

松本　そうなのですか。

堺雅人守護霊　ええ。過去世《かこぜ》は知らないけど、どうせまあ、巫女《みこ》さんみたいのをやって、お神楽《かぐら》を歌ったり、神様の前で奉納《ほうのう》したりしてたようなタイプの人じゃないかと思う。そういう意味で、神様には好かれてる人なんじゃないかとは思うんだけどねえ。

斉藤　堺さんがおっしゃっていたように、やはり、芸能というもの自体の始まりが、お神楽や、ご神事《しんじ》からきているところがあると思うのですが。

堺雅人守護霊　まあ、そういうところもあるかも。奉納っていうのが大きいからねえ。

指導霊《しどうれい》は「勝利」と「人心掌握《じんしんしょうあく》」を併《あわ》せ持つヤヌス性のある神

竹内　ずばり、お訊《き》きしますが、堺さんが指導を受けている神の名前は何でしょうか。

堺雅人守護霊　うーん……。それは……。

竹内　これを言うと、おそらく、来年以降も、堺さんのブレイクが続く可能性は高いと思います（会場笑）。

堺雅人守護霊　いや、言ったら、ブレイクが続かないいんじゃないの？

竹内　いえ、やはり、幸福の科学の霊言《れいげん》で言うと、格が付くんですよ。

堺雅人守護霊　言わなければ続くのに、言ってしまったことで、「あっ、そんなものか」と思われたら？

松本　そんなことはないと思います。

竹内　ここで言うと格が出ますので。ほかのみなさまの守護霊も、ここに来て、格付けをされている方が多くいらっしゃいます。

堺雅人守護霊　そう、格付けになりますかあ？

竹内　せっかくの機会ですので。

堺雅人守護霊　うーん……。

松本　当然、守護霊様としては、ご認識されていますよね？

堺雅人守護霊　うーん。まあ、そら、知らんわけではないけども……。

松本　では、ぜひ。

堺雅人守護霊　やっぱり、神の名を明かすというのは、とってもいけないことで、タブーに触《ふ》れることではあるからねえ。やっぱり、隠《かく》れてやってるから。

竹内　その方は神道《しんとう》系ですか。あるいは、幸福の科学の霊言で出たことのある方でしょうか。

堺雅人守護霊　うーん……。まあ、「幸福の科学の霊言」っていっても、そらあ、私が、ぜーんぶ知ってるわけじゃないから、ちょっと分かりませんけども。

うーん……。まあ、まだ上がいるかもしれないし、根源がどこぐらいまであるのか、よくは分からないんですけど、たぶん、幸福の科学の大川総裁を指導したり、安倍《あべ》さんに日本復活をさせようとしたりしている人と、実は、同じ筋の者じゃないかという気はします。

松本・竹内　安倍さんですか。

堺雅人守護霊　日本を復活させようとかしている……。

竹内　天照《あまてらす》様でしょうか。

堺雅人守護霊　うーん……。それはちょっと分からないんですけど……。

竹内　先ほど、その神は、日本の国づくりといいますか、「時代をつくる方面も」というようなことをおっしゃっていましたよね？

堺雅人守護霊　まあ、俳優は何でもやるからねえ。どんな役でもしなきゃいけないので、国民の職業全部に関係するし、「乞食《こじき》の役をやれ」って言われればやりますしね。まあ、何でもやりますから、あれなんですけども。
うーん……。私のほうのもとはどこにあるかというと、おそらく、その神の一つの面は、少なくとも、戦争における「勝利の神」の顔だと思うんです。間違《まちが》いなく、一つの面は「勝利の神」の顔です。
そして、もう一つの顔が……、何だろうかねえ。やっぱり、人の心をつかむ、人心掌握《じんしんしょうあく》というか、収攬《しゅうらん》が天才的な人の顔なんじゃないかなあと思うんですねえ。
●ヤヌス性がある感じがするので、両方を持っておられるような感じがします。
このへんだと、あなたがたの〝あれ〟では、まだちょっと分かりにくいですかねえ。

竹内　認識されているお名前を言っていただけると、次のテーマに（笑）……。

堺雅人守護霊　そこまで言ったら、もう結論が出たということで、これで終わって、最後になるんじゃないですか。

●ヤヌス性　ヤヌスはローマ神話の二つの顔を持つ神。両面性を持つもののたとえにも使われる（『エクソシスト入門』参照）。

竹内　いや、大事な話が、まだたくさんありますので。

堺雅人守護霊　まだあるんですか。

松本　はい、あります。

堺雅人守護霊　そんなにある？　本当にあるんですか。

竹内　あります。

堺雅人守護霊　うーん……。何となくですねえ、私の感じでは、女性の名前で挙げると、うーん……、「アテナ」

アテナ
知恵や戦略を司るギリシャ神話の女神（『神々が語る レムリアの真実』参照）。

アフロディーテ
愛と美を司るギリシャ神話の女神（『エロスが語る アフロディーテの真実』参照）。

とか「アフロディーテ」とかいうふうな感じの名前が出てくるんですよ。

松本　ほう……。

竹内　それは本当ですか。

堺雅人守護霊　ええ。女性の名前で言うと、そんな感じが出てくるんですよ。

竹内　うーん？

堺雅人守護霊　そんで、男性の名前で言うと、何となく、「宮本武蔵《みやもとむさし》」とか、「韓《かん》信《しん》」とか、または、ちょっとやったから影響《えいきょう》はしてると思いますけど、「塚原卜伝《つかはらぼくでん》」

韓信（前３世紀～前196）
漢王朝成立の立役者となった大将軍（『百戦百勝の法則』参照）。

なんかの、そういうふうな、剣豪《けんごう》ないし、軍神みたいな方の名前が、ちょっと見えてくる。

ただ、これがどういうことなのかが、私にはもうひとつよく理解ができない。

竹内　いや、意外でした。

堺雅人守護霊　理解ができないんですけど。うーん……。

日本の芸能界のルーツといえる神代《かみよ》の時代と関係がある?

竹内　では、芸能界は、われわれが持つ、華《はな》やかなイメージだけではなくて、けっこう国づくりにも関係しているのですか。

堺雅人守護霊　いや、分かりません。それは、私には分からないんですが、少なくとも、その国が歴史的にピークを迎《むか》えるような、文明が非常に栄える時期には、必ず、文化の部分も盛り上がるので、その意味では、やっぱり、芸能や絵画《かいが》や音楽など、そういうものも上がるんじゃないですかねえ。

「出雲阿国《いずものおくに》」みたいな名前も、チラッと見えてくるので。うーん……。ちょっと見えてくる。そういう名前も見えてくるので。

松本　役者のルーツですよね。

堺雅人守護霊　でも、やっぱり、もうちょっと古いのがいるような気がする。もっともっと古いものがいるような気はするんですが。

出雲阿国（1572～？）
安土桃山時代の女性芸能者。歌舞伎の始祖とされる女性。

松本　では、神代《かみよ》の時代でしょうか。

堺雅人守護霊　うーん、たぶんね。

松本　はい。

堺雅人守護霊　もっともっと古いもので、いちばん古代まで行くと、●天宇受売命《あめのうずめのみこと》ぐらいまで出てきそうな感じがしますねえ。

松本　はい。

堺雅人守護霊　やっぱり、日本ではあのあたりが、芸能の神のルーツ的なものなんじゃないでしょうか。

天照大神《あまてらすおおみかみ》が天岩戸隠《あまのいわとがく》れをされたときに、みんなが困ってしまって、「何とかして出さなきゃいけない」っていうことで、飲めや歌えの酒宴《しゅえん》を開いた。まあ、ちょっと言葉は悪いけど、（天宇受売命が）ストリップショーらしき裸踊《はだかおど》りをして、楽しそうに踊ってたら、天照大神が、「あんまり楽しそうなので、ちょっとだけ見ようか」と思って、開けてみるんではないかと、みんなで予想をする。それで、天照大神が岩戸をちょっと開けたときに、そこに鏡を用意してて、その鏡に、実は、天照大神さんのお姿が映っているんだけど、本人が、「うわっ！

天岩戸隠れ
『古事記』『日本書紀』に伝わる神話。須佐之男命の乱暴な行状に怒った天照大神が岩戸に隠れ、世界が真っ暗になったという。神々は一計を案じ、岩戸の前で天宇受売命に舞い踊らせたところ、天照大神が外の様子を見ようと岩戸を少し開いたので、天手力男命が引き出した。

こんな美しい女神様がいたのか！」と思ってびっくりして飛び出してきたところを、天手力男命《あめのたぢからおのみこと》が開けて、引っ張り出して、天照様が、再び、この地上に光をもたらしたという神話があるじゃないですか。

松本　はい。

堺雅人守護霊　男性か女性かは、ちょっと分からないけど、まあ宇受売《うずめ》っていうから、女性なんでしょうが、「裸踊りをして、みんながカッポレ、カッポレやって大喜びした」っていう、その、「歌って踊って」をやった変な人が、たぶん、日本では、芸能界の始まりなんではないかとは思うんですけどねえ。

日本的には、そのあたりにルーツがあるような気はしてきます。

竹内　分かりました。

堺雅人守護霊　このルーツが、少なくとも、私だけじゃなくて、〝わが家《や》〟にも関係してるような気がします。

社会的身分とは別に「人気」というステータスが生まれた

松本　やはり、菅野さんが、そのあたりに関係しているということですか。

堺雅人守護霊　いやあ……、まあ、そのへんから、あと、浄瑠璃《じょうるり》だの歌舞伎《かぶき》だの、それから何だったたっけ？　源氏《げんじ》と平家《へいけ》のころには、何でしたっけねえ？　ええと、なんか、舞《ま》いを踊るのがありましたでしょう？　あれは何でしたっけ？

斉藤　舟《ふね》の……。

堺雅人守護霊　うん？　いやいや、それじゃない。それじゃなくて、静御前《しずかごぜん》なんかがやるやつ……。何て言いましたっけね？

斉藤　白拍子《しらびょうし》？

堺雅人守護霊　あっ、白拍子ね？　白拍子なんかが、今の芸能界の女性の起源だろうと思いますけどね。まあ、そんなようなものとか、いろいろあったと思います。

まあ、歴史的には、そんなに身分が高くはなかったのかもしれませんけれども、少なくとも、貴族文化が花開くときもそうだし、江戸《えど》時代だったら、町民文化というか、町民でも、商人とか、いろいろ金が儲《もう》かる人たちが、ちょっと楽しみごとを欲《ほっ》する時代がありましたからね。そういうときには、町人の間で、ものすごい人気はある。

士農工商《しのうこうしょう》で見りゃあ、社会的身分としては非常に低いけど、ただ、人気があって、

●静御前〈平安末期〜鎌倉初期〉白拍子から源義経の側室となった。
●白拍子　主に男装して歌舞を演じる遊女、芸人。

今のあれと、よく似てるんですよね。

学歴社会とか、あるいは、会社の格だとかいう人と、スポーツ界の人気者で高収入を挙げてる人とか、芸能界で「人気」で高収入を挙げてる者とは、ちょっと別でしょう？

ステータス的には別で、例えば、イチローが年俸《ねんぽう》で十億円を取っても、日本の社長で十億円を取れる人は、めったにいませんわねえ。まあ、今はいないとしても、かつての松下幸之助《まつしたこうのすけ》さんのころなら、十億円を取れたかもしれないけど、あの人は、それだけ取っても、みんなが嫉妬《しっと》しないぐらいの偉人《いじん》ではあったからね。

アメリカだったら、もっと取ってる人はいると思うけども、そういう、身分はそんなに高くはないけど人気がある場合、その「人気」というものが、別の意味での、一種のステータスになってるんだね。

だから、社会が制度としてつくったステータス？　つまり、天皇とか、将軍、老《ろう》中《じゅう》、大名《だいみょう》とかが偉《えら》いっていう、こういうピラミッドとは別に、「人気」という尺度での「偉さ」みたいな感じ？　「知名度」とか「人気」とかいうことでの「偉さ」っていうものは、なんか、つくってたようには思うんだよね。

それで、結局は、明治以降の民主主義の源流のなかにも、同じく、両方が流れているると思うんです。

勉強したりして、この世で社会的に尊敬され、「末《すえ》は博士か大臣か」的に出世されたと人と、まあ、うーん、気分から言えば、「末は堺雅人か菅野美穂か」みたいなのとが、ちょっと、あると思うんだけども。

今だったら、去年あった、例のＮＨＫの朝ドラの「あまちゃん」じゃないけども、ああいう、「岩手《いわて》で海女《あま》さんをやりながら、次はスターになる」みたいなものでも、田舎《いなか》から見れば拍手喝采《はくしゅかっさい》でしょう？　これは、博士でも大臣でもないけども、やっぱり、「おらの村からスターが出る」みたいなのは、ちょっとした出世じゃないですか。それで、村まで知られるというような感じでしょう？

ちょっと、そういう別のものが流れてる。

大川隆法　さんなんかも、きっと今、生まれ故郷《こきょう》では、だんだんにスター性が出てきて、「徳島《とくしま》県から偉い人が出たってことはみんな知ってる」っていうような感じになってきているんだと思うけどね。まあ、その「偉さ」は、どういう「偉さ」なのか、ちょっと分からないけど、もしかしたら、今言った両方を兼ね備えてる可能性もある感じかもしれないですけどねえ。

5　ブレイクした意外な「原因」

各界とも幸福の科学の「法シリーズ」でトレンドを見ている

松本　堺さんの守護霊様は、やはり、そういった認識が、たいへん広くていらっしゃいますが。

堺雅人守護霊　いや、ここ（幸福の科学）はインテリが多いから、もうちょっと武装しないと。私らは、「準備、準備、準備」だから。もう、呼ばれると聞いてから、今、慌《あわ》てて、一生懸命《いっしょうけんめい》に台本を……。台本はどこか……。

松本　（笑）

堺雅人守護霊　霊界《れいかい》のどっかに台本が……。

松本　台本があるのですか。

堺雅人守護霊　霊界のどっかに台本があるはずだ。一生懸命に探していると、いろいろと協力してくれる方が、情報を下さったりはするんですけどね。

松本　守護霊様から見て、今回、このタイミングで、地上の堺さんをブレイクさせようとお考えになったのではないかと思うのです。そのとき、守護霊様から、どのようなご指導をされたのでしょうか。あるいは、どのような働きかけを……。

堺雅人守護霊　うーん。いやあ、けっこう言われる……。「もしかしたら、おたくさまのお力なんかなあ」という気も、ちょっとしてるんですよ。

松本　幸福の科学？

堺雅人守護霊　去年、『未来の法』（幸福の科学出版刊）でしたっけ？　『未来の法』でしたっけねえ。ベストセラー、ロングセラーを出されましたでしょう？

松本　はい。

堺雅人守護霊　毎年、「法シリーズ」みたいなのを出されて、「それが出ると、その一年間の大きなトレンドみたいなのが出る」っていうことを、みんな、よく知ってるんですよね。文化界の文化人とか、あるいは、映画界、テレビ界、マスコミ界、

『未来の法』
（幸福の科学出版）

作家業界の方等は。

この「法シリーズ」が、だいたい、毎年一冊は出るでしょう？　そしたら、博報《はくほう》堂《どう》とか電通《でんつう》の人はみんな、「トレンドはこれ」っていうのを……。

この「何とかの法」っていうので、今度は『忍耐《にんたい》の法』（幸福の科学出版刊）が出たんですかね？

ここ十数年は、だいたい、「この最初の漢字二文字で、翌年《よくとし》のトレンドを予言している」という〝地下水脈〟があるのでね。それで、前回は、『未来の法』っていうのが出たんで、それがだいぶ読まれて、みんな、研究はいっぱいしてるんですよ。いろんなところで研究してるので。

まあ、例のドラマの、「安堂《あんどう》ロイド」の種本《たねぼん》が『未来の法』だっていうのが、ニュースとして、スポーツ紙とかにちょっと出ましたけど。

大川隆法
Ryuho Okawa
THE LAWS OF PERSEVERANCE
忍耐の法
「常識」を逆転させるために
Never give up!
ネバー・ギブ・アップ！
「忍耐」とは、あなたを「成功」へと導く最大の武器だ。
この一冊で、もっと強くなれる。
「法シリーズ」最新刊！

『忍耐の法』
（幸福の科学出版）

松本　はい、そうでした。

堺雅人守護霊　みんな、読んでますよ。種本としては読んでて、次に、「ここから何がつくれるか」っていうことを考えていくんです。

大川隆法の著作で名前の挙がった俳優は「格が出る」

堺雅人守護霊　確か、先生の本のなかに、「菅野美穂《かんのみほ》」って書いてくれてなかったでしたかね？　何かで、芸能界の俳優のことを書いてくださってませんでしたか。

松本　ありましたね。

『教育の使命』
第３章「セルフ・ヘルプと愛国心」では、活躍する人物の陰の努力の例として、菅野美穂にも言及。
（幸福の科学出版）

堺雅人守護霊　なんか、大川先生がほめられた俳優が、何人かいらしたと思うんですよね。

松本　はい。

堺雅人守護霊　うーん。あと、「あしたのジョー」でスパーリング役とかやった、東大出の俳優で有名な香川照之《かがわてるゆき》さんだとか、菅野美穂だとか、何人か名前を挙げられましたよね。龍馬《りょうま》役をされたことのある福山《ふくやま》（雅治《まさはる》）さんも、ちょっと、何かに出てたような気もしますけど（『忍耐の法』『公開霊言《れいげん》 ガリレオの変心』〔共に幸福の科学出版刊〕参照）。

こういう宗教家が俳優の名前を挙げるっていうのは、すごく珍《めずら》しいことではあるので、そりゃ、必ず、間接的に、耳には入ってきますので、格が出るんですよねえ。やっぱり、必ず格は出てくる。

●「あしたのジョー」　ボクシング漫画（高森朝雄 / ちばてつや）を実写映画化（2011 年公開）。香川照之はトレーナーの丹下段平役として出演。

確か、菅野のことはほめていただいてたと思いますので、もしかしたら、そのへんから私のほうまで、ちょっと運が回ってきてるような気もするんですよね。（大川隆法が）挙げたことのある女優の名前は、すごく少ないと思うんです。ほかにも女優はたくさんいますし、いい女優っていうか、人気のある女優はたくさんいますけど、宗教家が見て、「この人の演技がいい」と言ってくれるということは、たいていの場合、「神がかってる」っていうことでしょう？

だから、そういうのは、ステータスになってくるんじゃないかと思うんです。それが、もしかしたら、間接的に、今年の私の人気に来ているような気もするんですけどね。

もしそうだったら、信者のみなさんに、「どうぞよろしゅう」と言っとかないといけないですけどもねえ。

松本　なるほど。

今回、堺雅人に光が当たったわけは？

斉藤　このタイミングで、「勝ちを取りにいく役ができる俳優さん」ということで、今、堺さんに光が当たったのではないかと思うのですが……。

堺雅人守護霊　いや、これは意外性があったんじゃないですかね。勝てそうな人っていうことであれば、もっと強そうな人はいるじゃない？

昔から、将軍みたいな役で、松平健《まつだいらけん》とか、高橋英樹《たかはしひでき》とか、その類《たぐい》の人たちはすごく強そうで、いかにも「負けちゃいけない」っていう感じ。北大路欣也《きたおおじきんや》とかが出たのに、負けちゃあ申し訳ないっていうか、斬《き》られて、「うわーっ、死んじゃった」みたいのをやると、観《み》た人ががっかりしちゃって、もう、観るのもやめちゃって、テレビのスイッチを切ってしまいそうなところがあるじゃないですか。だから、絶対に斬られないで、勝たなきゃいけない。

そういう人が勝つよりも、このナヨッとした役、もやしの役でもできそうな人が強くなるっていうあたりが、やっぱり、ちょっと、ひとひねりなのかなあ。

松本　それも、新しい時代のヒーロー像とも言えると思います。

堺雅人守護霊　うーん。

松本　昔は、「クラーク・ケントがスーパーマンになる」というようなかたちが……。

堺雅人守護霊　そう。もちろん、体がすごけりゃねえ。

松本　そうですね。多少、それに近いところがあるとは思うのですが、あのように、少し特殊《とくしゅ》な人にスポットを当てようと思ったとしても、ナヨッとしている人を誰《だれ》もができるわけではなくて、やはり、今回の堺さんのように、そこで光らなければいけないと思うのです。

そのときに、芸能界では、よく、「あの人にはオーラがある」という言い方をするわけですね。

堺雅人守護霊　うーん、そうそうそうそう。

松本　成功される方というのは、単純に演技がうまいだけではなくて、オーラがある方であって、やはり、そういう方がスターになるわけですけれども、そのへんは、かなり守護霊様がお仕事をされている気がするのですが。

堺雅人守護霊　うーん。でも、なんかねえ……、まあ、「半沢直樹《はんざわなおき》」でも、道場で剣道《けんどう》の練習を、夜中まで稽古《けいこ》したりして、ちょっとストレス発散風にやってるのを見せましたけども、私も、剣道の練習自体は、演技用に、ちょっと何カ月かやったぐらいなんですよ。

だけど、やっぱり、「塚原卜伝《つかはらぼくでん》」とかをやってたから、何て言うか、その気持ちが、自分のなかにイメージで残るし、それから、視聴者《しちょうしゃ》の既視感《きしかん》っていうか、「剣豪《けんごう》をやった人だ」っていうイメージが頭に残ってるのを、作品をつくる人のほうが見事にだぶらせて使って、「絶対負けない卜伝」から、「半沢直樹の剣道」のイメージを出して、さらに、「リーガルハイでの不敗神話の弁護士」みたいなところにつなげてる。

塚原卜伝（1489～1571）
戦国時代の剣豪。鹿島新当流の開祖。

このイメージをつなげてるのは私じゃなくて、やっぱり、作品をつくってる脚本《きゃくほん》家《か》でもあるし、プロデューサーなんかが考えてのものなので、「こういうかたちで売り出してやろう」っていう戦略性が、裏にあるからだと思うんです。

もし、どっかで、目茶苦茶《めちゃくちゃ》な負け役みたいのをやらされてたら、やっぱり、イメージは崩《くず》れてたから、イメージを続けていって、膨《ふく》らませたところはあるんじゃないかなと思う。

一流の俳優とは「自己催眠《さいみん》をかけ続けられるかどうか」

堺雅人守護霊　今、「オーラがある」とか言ってましたし、まあ、オーラと言やあオーラだけども、結局、俳優っていうのは、「自己催眠《さいみん》」なんですよねえ。

松本　自己催眠？

堺雅人守護霊　うん、うん。自己催眠をかけなきゃいけないんです。自分が、その登場人物になり切らなきゃいけないので、常に自己催眠をかけ続けているところがあって、そういう意味では、宗教や催眠術師なんかに、ちょっと似たところはあるんですけど。

自己催眠をかけられない人は、やっぱり、俳優としては、一流まで行けないですよね。なり切らなきゃいけないわけですから。

今までの役のイメージをだぶらせて使える場合もよくありますけど、まったく違《ちが》う役をやる場合もあるし、このへん、香川照之さんなんかはちょっと天才的なところがありますよね。

全然違う役を平気でやりこなすので、「やっぱり、あの人はさすがにすごいなあ」と、私なんかは思っておりますけど。彼は、脇役《わきやく》でも主役でも、どっちでもできますからねえ。あれは、やっぱりすごいです。

例えば、今回だって、「半沢直樹」では、私が主役になって、彼は脇役風になったけども、あの憎《にく》たらしい上司の常務を演じてくれた演技がうまかったので、むしろ、それで引き立ったところがあった。半沢が引き立ったのは、生一本《きいっぽん》の香川さんが演じる、東京中央銀行の憎たらしい常務が、もう体を震《ふる》わせながら土下座《どげざ》するシーンなんかがあったからで、やっぱり、プロ筋は、あれを見て、「今、日本最高の俳優じゃないかな」っていうようなことを言っていましたから。

「あの役は、ちょっと、なかなかできるもんじゃない。そう簡単にはできない」っていうの？　エリートっていうイメージを持ちながら、自分を屈《くっ》してみせる？　だから、「負けてみせる」のも難しいんですよ。勝つのも、またそれなりにスカッとして面白《おもしろ》いんですけど、負けてみせるのも難しいところで、そのへんの懐《ふところ》の深さが、みんな測られてるんですけどね。

懐の深さと、どのくらい心のひだがあって、何種類ぐらい演じ分けられていくかっていう、その可能性みたいなのを見てるわけで、ワンパターンにしか使えない人は、何て言うか、（クリストファー・リーヴが演じた）クラーク・ケント風に「スーパーマン」しか出られない。

松本　確かにそうですね。

堺雅人守護霊　初代なんかは、スーパーマンしか出られなくてね。あんまりにも体が大きいし、（役が）素顔《すがお》だったから、顔も知られててね。

松本　はい。

堺雅人守護霊　あれも変身すりゃあね。スパイダーマンにしても、バットマンにしても、みんな、マスクをかぶってるじゃないですか。あれをかぶってるかぎりは、ほかの役で出られますから安全ですけど、マスクを取って素顔だけで勝負してたら、出られなくなってしまいますよねえ。

だから、正義の味方役をしてる人は悪役ができないし、逆もできなくなります。やっぱり、スーパーマンの困窮《こんきゅう》した姿を見るとね。だから、大きいのに出たあと、出られるものがなくなっちゃって、本当は生活が苦しかったらしいんですよ。

今、同じように、「ハリー・ポッター」が、このあと、大人の役もできるかどうかっていうのが、やっぱり見物《みもの》だよねえ。これができたら大したもんで、ああいう主役を子供のころから張った人が、はたして、あとにどんな役をできるのかっていうのは、やっぱり難しいよね。はたして脇役ができるか。あるいは、主役だったら、「ハリー・ポッターが大人になった主役」としては、何が可能なのか。やっぱり、難しいところはある。

その意味では、私らみたいな下積みから出た者は、下積みのときにいろんな練習ができますから、そこから抜《ぬ》け出した場合には、それがすごい肥《こ》やしにはなるけども、まあ、下積みの人の数は多いから、埋《う》もれてしまうのが普通《ふつう》で、ちょい役とか、

●「ハリー・ポッター」　イギリスの魔法学校を舞台とするファンタジー小説（J・K・ローリング）を原作とする映画シリーズ（2001年〜）。主演・ダニエル・ラドクリフ。

最低では、もう通行役だけになっちゃいますよね。だから、どこかで何か、ちょっとキラッとしたものを見せないといけないわけで、それが不特定多数に、ちょっとずつ認められないといけないんですよねえ。それが難しい。

6　俳優としての「幅《はば》」の広げ方

ドラマ「リーガルハイ」から見る「自力」の必要性

竹内　堺さんが、テレビ番組「情熱大陸」にご出演された際、「俳優のタイプには、『憑依型《ひょういがた》』と『自力型』があって、どちらかというと、自分は『自力型』」とおっしゃっています。

堺雅人守護霊　うん、うん、うん。

竹内　しかし、お話を聞いていますと、すごく霊的《れいてき》なバイブレーションを感じまして……。

堺雅人守護霊　いや、「自力」もありますよ。

竹内　先ほど、自己催眠《さいみん》の話もありましたが、どのように努力をしていけば、人気を得る人間になれるのでしょうか。

堺雅人守護霊　やっぱり、「自力」はありますよ。

そう言ったってねえ、あなた、「リーガルハイ」の古美門《こみかど》弁護士の、あの長い台詞《せりふ》を覚えるっていうのは、そりゃあ、あんなの、「憑依型」でなんかできませんよ。無理ですよお。

「死んだ弁護士」でも乗り移ってくるなら結構ですけど、弁護士が乗り移ったって、あんな言葉は絶対に出ないから。あの長い台詞を、ものすごい時間で回転させて、発射するっていうのは、そう言ったって、自力での訓練はどうしても要《い》る。下手したら、舌を嚙《か》んじゃいますよ。あの速度で〝弾《たま》〟を発射するっていうのは、もう、機関砲《きかんほう》、機関銃《きかんじゅう》みたいなもんですからねえ。

やっぱり、あれは、かなりきつかったし、まあ、自分でも言いましたけど、冬場の白馬村《はくばむら》でのロケなんかじゃ、もう寒くて、かじかむから、あの言葉の回転がね、本当に口が動かなくなるので、「いやあ、きっついなあ」っていうの？　撮《と》り直しを何回もやられるとたまんないっていうか、雪のなかで寒くなるとね、とたんに口が動かなくなるから。

松本　動かないですよね。

「リーガルハイ」
偏屈だが裁判では連戦連勝の弁護士が主人公のコメディドラマシリーズ（2012年～放映）。
堺雅人は撮影時にNGを出さないことで有名。自身の連載エッセイでは、台詞の暗記に関し、空海の「虚空蔵求聞持法」などを使って、五感や筋肉など総動員し、体全体で覚えていることを綴っている。

堺雅人守護霊　だから、相方《あいかた》のねえ、裁判官をやってくれた広末《ひろすえ》さんね。広末涼子《りょうこ》さんが裁判官役でちょっと出たんですけど、あれがすごい、「氷の女王」みたいな裁判官役だったんですよ。

だけど、あの人はすぐ笑うので、NGがやたら出てね。あんなくそまじめな裁判官の役なんてやったことがなくて、法廷《ほうてい》は初めてだったんで、おかしくって笑っちゃうんです。私の言葉、台詞を聞いてるうちに、吹《ふ》き出して笑う。笑っちゃいけない裁判官がゲラゲラ笑ってしまうので、もうNGがいっぱい出てしまって、本当に唇《くちびる》というか、頬《ほお》の筋肉がくたびれたっていうか、そういうところはありました。ずいぶんお詫《わ》びを頂きましたけどねえ。

"イエローカード"が出るギリギリを狙《ねら》って演じる

竹内　ところで、この「情熱大陸」では、お芝居《しばい》に対して、「ポイントは、その瞬《しゅん》間《かん》に嘘《うそ》をつかずに、素直《すなお》に演じることだ」というようなことをおっしゃっていたのですが。

堺雅人守護霊　うん、うん。まあ、もちろん、なり切ってやらなきゃいけませんよ。

竹内　やはり、何か、引き込《こ》むための、ご自身のポリシーというものはあるのではないでしょうか。

堺雅人守護霊　いや、そう言ってもねえ、やっぱり、迷いがないわけではないんですよ。

「法廷を劇場に変えてしまう」っていうのは、そのとおりなんだけども、弁護士でここまでやってもいいのかなって（笑）、やっぱり、そりゃあ、多少、躊躇《ちゅうちょ》はあるし、法律用語を駆使《くし》してやってるけど、専門家じゃないから、付け焼き刃《ば》ではあるんでね。

だけど、「本当の裁判官とか弁護士とか、検察官とかが見たら、『あれは間違《まちが》ってる』とか、いっぱい言われるだろうなあ」ということも、その付け焼き刃の人がいちおう想定して、それでも、許容できる範囲《はんい》のなかで止まってなきゃいけないのでね。それに、あんまり専門用語を連発して、一般《いっぱん》の人が分からないような、分かりにくいものをつくっても、やっぱり駄目《だめ》だから、一般の人にも分かるようなロジックを組み立てて、腕《うで》の立つ弁護士を演じなきゃいけないっていうところもある。まあ、何て言うかねえ、〝イエローカード〟が出るギリギリのところを狙《ねら》ってやっているのは、そうですねえ。

斉藤　それで言いますと、「半沢直樹《はんざわなおき》」の場合、人気が出すぎた面もあるのでしょうか。

堺雅人守護霊　そうですねえ。

斉藤　ドラマ終了《しゅうりょう》後、みずほ銀行等が、金融庁《きんゆうちょう》に摘発《てきはつ》されました。

堺雅人守護霊　そこを言われると、私もちょっと……。あれは、どっちかというと、私じゃなくて、オカマ役をされた方のほうに、やや問題があったかな（会場笑）（注。片岡愛之助《かたおかあいのすけ》がオカマの金融庁検査官役を演じた）。

あの人が、もうちょっとかっこよければ、別に問題なかったんじゃないかと思うんで、ちょっと、オカマ役の人のほうに腹が立ったんじゃないかな。あちらも人気は出たんですけども、あれに腹が立ったんじゃないかと思うので、私だけでは、もう……。「負ける」っていう筋書きは、もちろん、金融庁としては許しがたいことであろうとは思うけども、やっぱり、あのオカマ役がちょっと、「われらはこんな種族と思われてるのか」と思うところがあって。まあ、昔の〝悪代官《あくだいかん》〟を現代版に吹き替《か》えただけなんでしょうけど。

松本　そうですね。

堺雅人守護霊　悪代官なら、あんなのはいっぱいいるんですけど、まあ、さっすがに、こらえ切れなかったようには見えますね。

あのしつこさっていうか……、あっ、私がこれを言っちゃいけない！　私も納税期が迫《せま》ってるので、こっちに来ると、やられる可能性はある。税務署からいじめが来て、なんかやられるかもしれないので。収入がちょっと上がってますから、ちょっと危ないかもしれません。うーん、ちょっと危ないなあ（笑）。

消費経済を起こしたければ「怪《あや》しい文化」には寛容《かんよう》に

斉藤　過去、例えば、江戸《えど》時代でも、政府のほうが危なくなると、「倹約令《けんやくれい》」などと言って、芸能系を押《お》さえつけたこともあったと思うのですが。

堺雅人守護霊　そうそうそう。そういうことはありましたねえ。

斉藤　今、何か感じられていることなどはありますか。

堺雅人守護霊　でも、今、消費経済を起こしたいんだったら、やっぱり、そうは言っても、そういう不埒《ふらち》な文化というか、浮《うわ》ついた文化も、ある程度、許容しないと、消費は増えないんじゃないでしょうかね。

みんなが、あんまりにもカチーッ、カチーッ、カチーッとして、生真面目《きまじめ》すぎたら、やっぱり駄目で、消費を増やしたかったら、生真面目すぎる枠《わく》はちょっと外して、何て言うのかな、まあ、お上《かみ》のほうに、溢《あふ》れ出しても、「まあいいか」っていうような、そういう程度の寛容《かんよう》さがないといけない。怪《あや》しい文化、化政《かせい》文化みたいなね、そういう、歌舞伎《かぶき》が流行《はや》ったような文化や、浮世絵《うきよえ》が流行ったような文化が、すぐ取り締《し》まりの対象になると、あっという間に景気が冷え込んでくる。

ああいうのを取り締まって、質素倹約で、幕府の財政改革をやろうとしたところが、現実は成功してないんでしょう？　だから、本当は、そういうところから、うまく税金を取る。まさしく、あのときに消費税を入れるべきだったと思うんですよね。

そういう、「身分は低いけど、実は、庶民《しょみん》文化で金を儲《もう》けてて、お金はある」っていう町民がいっぱいいたわけで、そこから、うまく税金を取る方法を考えればよかったのに、凶作《きょうさく》と豊作があるような農民にばっかり、人頭税《じんとうぜい》風に税金をかけてた。だから、景気の波が、凶作・豊作にかかわってたんだと思うんだけど。

お米が穫《と》れようが、穫れまいが、「何石《こく》取り」というのが決まっててね、給料をもらってることになってるが、実際は入ってこないようなことがあったんです。まあ、農民経済ですね。実は、農業経済で幕府の収入が成り立ってたわけだけど、実際は、天候の影響《えいきょう》で、税収がものすごく変わってたはずなんですよね。だから、公務員の給与《きゅうよ》にも影響は出てた。

本当は、あちらのほうが、消費税をかければよかったほうなんだろうけど、むしろ取り締まって、取り潰《つぶ》すほうに動いてたようには思う。

まあ、そういう怪《あや》しげなものが流行ったときには、むしろ、ちょっと考え方を変えるべきときがあると思うんだよねえ。

だから、まあ、徳川吉宗《とくがわよしむね》なんかも、非常に人気はあって、時代劇なんかでは、すぐに吉宗とかが出てくるんだけど、その対抗馬《たいこうば》だった、徳川宗春《むねはる》だったかなあ、名古屋の尾張《おわり》の方がいたけども。あの人は、そういう遊郭《ゆうかく》文化だよね。名古屋で遊郭を流行らせたのは、あの人ですよ。宗春だと思いますが、死んだあと、墓にまで金網《かなあみ》をかけられて、死んでなお、囚《とら》

徳川吉宗（1684 ～ 1751）
江戸幕府第８代征夷大将軍。幕府財政建て直しのため、「享保の改革」を行う。規制緩和政策を行った尾張藩藩主の徳川宗春（1696 ～ 1764）と対比される。

われの身にされたっていう感じだった。

だから、そうした軟派《なんぱ》系の人に対する許容度が低くなり、また、吉田松陰《よしだしょういん》先生のような、厳しい硬派《こうは》の考え方でもって幕府に建言《けんげん》し、いざというときは武力も辞さないような考え方でもって筋を通してくるような硬派系、今だったら、テロまで起こすような武装集団もあるかもしれないけども、そういう硬派系があんまりきつく出すぎると、何て言うかなあ、社会がすごーく狭《せま》くなって、「変化」や「新しい未来」の芽が、摘《つ》まれるような気がするねえ。

7　中国の横暴に対する〝画期的アイデア〟

「古美門《こみかど》弁護士」なら、中国にどう切り返すか

竹内　政治について、少しでいいんですけれども。

堺雅人守護霊　政治ですかあ。次は政治家になるかなあ。

竹内　（笑）いえいえ。

堺雅人守護霊　私も、いよいよ次は総理だ。「出世している」っていうので、総理大臣まで駆《か》け上がるドラマなんかは、やってみてもいいなあ。

竹内　なるほど。政治について、少し変わった質問なのですが、今、中国は、尖閣《せんかく》諸島を含《ふく》む東シナ海上空に防空識別圏《けん》を設定してくるなど、やりたい放題なんですが、もし、「古美門《こみかど》弁護士」だったら、中国にどう切り返しますか。もしくは、「半沢直樹《はんざわなおき》」なら、中国にどう「倍返し」しますか。

堺雅人守護霊　あ、古美門先生？　そういえば、中国語を勉強していましたね。ドラマではねえ。

竹内　はい。

堺雅人守護霊　ちょっとやりましたよ。私は四カ国語をしゃべれることになっているんでね、ドラマ上。

竹内　（笑）（会場笑）

堺雅人守護霊　ハハハハハ……。

竹内　この中国の論調をどう切り返しますか。

堺雅人守護霊　まあ、裁判所がないから、国際司法裁判所でロケをさせてくれるかどうか、ちょっと、ワハハハ……。だけど、彼が国際司法裁判官になるわけないしねえ。まあ、私ができるかどうかは知らんけど。

うーん、きついテーマを投げてきたねえ。俳優に考えさせるか。

竹内　古美門弁護士になったつもりで、ちょっと……。

堺雅人守護霊　古美門ならどうするか。うーん……。古美門ならねえ、中国の地理を調べて、「中国が自分のテリトリーだと思っているのに、実効支配できていない島」かなんかがないかどうかを調べて、「ここは、全然、警備ができてない」という所を見つけたら、そこに突如《とつじょ》、上陸して、建物を建てて占拠《せんきょ》して、日の丸を立ててしまって「君が代」をかけまくるね。

松本　（笑）過激ですね。

堺雅人守護霊　中国がそっちに向かってギャアギャアと抗議《こうぎ》し始めたら、それを交渉《こうしょう》上の材料に使ったりしそうな気がする。「だって、日本領土だもん。私たちの核《かく》心《しん》的利益だあ」とか言いそうな気がするなあ。

松本　（笑）まさに、それは「常識の逆転」ですね（笑）。

堺雅人守護霊　うーん。

竹内　「逆にやってしまう」と。

堺雅人守護霊　それとか、まあ、もうすでに出ていたかもしれませんが、日台《にったい》の国交回復をして、「正常な中国としては、台湾《たいわん》が正統政府で、今の中国政府は取り引き上の商業圏としては認められるけれども、正統な支配権は台湾政府にあるから、北京《ペキン》は台湾詣《もう》でをすべきだ。台湾に詣でて、『これでいいかどうか』を伺《うかが》ってから言うべきだ」みたいなことを、歴史学者のふりをしてしゃべったり、政治学者のふりして演技したりしそうな気がしますね。

役者には小説・ドラマ・映画・歴史・登場人物の勉強が必要

松本　今、お伺いしていると、どう考えても、ただの役者さんではないですよね？

堺雅人守護霊　そうかねえ。

松本　どう考えても違《ちが》うと思うんですよ。

堺雅人守護霊　そうかねえ。

松本　実際、脚本《きゃくほん》とか、プロデュースとかは、ほかの方がされていると言っても、例えば、脚本家は役者からインスピレーションを受けて書くわけですね。

堺雅人守護霊　うーん？

松本　「役者が書かせている」と。シェークスピアの時代から、脚本家は役者からのインスピレーションで書くことが多いのです。

そうすると、「今後、どういう作品を書かせようと思っているのか。つくらせようと思っているのか」ということについては、堺さんの守護霊様の影響《えいきょう》が大きく出ると思うんです。

堺雅人守護霊　まあねえ。「シェークスピアは自分も役者をやっていた」っていう話もあるからね。役者をやってて、だんだん劇場の支配人みたいのをやって、次に「自分で作品を書き始めた」とかいう説もあるのでね。

ウィリアム・シェークスピア
（1564 ～ 1616）
イングランドの劇作家、詩人。四大悲劇といわれる「ハムレット」「マクベス」「オセロ」「リア王」等を発表。

とにかく役者もいろいろ勉強していなきゃいけない。いろんな作品……、小説とかドラマとか映画とかも観《み》ていなきゃいけないし、歴史も勉強しなきゃいけない。登場人物についてもいっぱい勉強しなきゃいけないから、あなたがたと一緒《いっしょ》なのよ。あなたがたも歴史の勉強、日本史や世界史の勉強をしていないと、いろんな霊言《れいげん》だって、できないでしょう?

だから、(大川隆法には)本当に申し訳ないけど、私の霊言をするにも、貴重な貴重な勉強時間を割《さ》いて、一年で忘れられるようなドラマを観る時間をつくってくださっているわけですよ。

松本　いえいえ。とんでもないです。

俳優・堺雅人は「強み」と「弱み」をどう使うか

堺雅人守護霊　だから、そういう勉強の時間をつくらなきゃいけないわけです。役者っていうのは、勉強は本当に無限なんですけども、学者になるわけにはいかないんで、そのなかから、勘所《かんどころ》で、「どういうところが使えるかなあ」とか、あるいは自分の強みを出すところも、当然考えなきゃいけない。「何を強みにするか」って。今、私の一つの強みは、「競争戦略で戦って、勝利者になれる」っていう役で使えるところだね。

例えば、私が、もし英語がペラペラだった場合、「ウォールストリート」っていうような映画に私を出演させて、ボロ勝ちさせる。そらあ、例のディカプリオ様に代わりまして、堺雅人様がウォール・ストリートで儲《もう》けまくって、若い白人美女なんかを相手にして、「ハハハハ」ってやって、「次は大統領を狙《ねら》うかね」みたいな役だってできないわけではない。まあ、一つの強みができたんですけど。

もう一つは、「自分の弱みの部分をいかに生かすか」だろうね。弱みの部分は、脇役《わきやく》のときによく使っていたと思うんですね。変なところでニヤけたり、だらしなかったり、ボケーッとしていたりするようなボケ役や、そういう弱い役みたいな。

●「ウルフ・オブ・ウォールストリート」　成り上がり者の並外れた生き方を描いたレオナルド・ディカプリオ主演のコメディ映画（2013年公開）。

だから、今、「斬《き》る役」ができているけど、「斬られ役」だって十分できるほうでもあったのでね。

まあ、いろんな演技をやらせてみて、どの場面がいちばん光っているかを見て、脚本家とか、そういう、いろんな人が考えるんだろうと思うけど。

「イメージができすぎる」と成功が失敗になる可能性も

堺雅人守護霊　いちおう、去年でイメージがまた一つ付いちゃったのでね。

いや、それなりに「成功はまた失敗のもと」でもあるんだよ。「失敗は成功のもと」だけど、「成功もまた失敗の元」なので、私も、ああいう〝不敗神話〟をつくられると、次に作品をつくる人は、まだ不敗神話でつくれるかどうか、悩《なや》む。

だから、あの「リーガルハイ」の2でも、「『一敗したか』」っていうようなものを、最後になって取り返す」みたいな感じでつくっている。まあ、ちょっと話題を複雑にしましたけども。

いったん勝ち続けると、次は、ちょっと負けるところも一回つくられます。スーパーマンが負けたり、スパイダーマンが負けたり、「強力な悪役や反対役ですごいのが出てくる」みたいなのをやられていますね。「一回、地に落としてしまわないと続かない」っていうのがあるかもしれないので、私が、今度、負け役で使われる可能性も五割ありますね。あるいは、「勝ち筋でもう一回使う」というのと、両方あると思うんです。

まあ、演技の幅《はば》としては、どっちもできなければいけないんだと思うけど、イメージができすぎると、成功が失敗になる可能性もあるので、その勝ち筋の役がつくれなくなったら、あっという間に無収入になる可能性もあるね。

妻がお化《ば》けの役で出るときに、後ろでドロドロドロドロッとやっているような役や、あるいは殺される役とか、そんなのしかなくなってくることもありえます。

8　「忍耐《にんたい》」の時代に何が流行《はや》るか

本業で稼《かせ》げない人たちが別のところで成功する

松本　そうすると、「忍耐《にんたい》」というようなことも、一つのキーワードになるのでしょうか。

堺雅人守護霊　ああ、忍耐ね。

これは貧乏侍《びんぼうざむらい》かなんかのあれですかね。今、侍もねえ、「武士の献立《こんだて》」とか、「武士の家計簿《かけいぼ》」だとか、なんか怪《あや》しげなのがちょっと出ているからね。貧乏して、武士としての本領発揮ができない人たちが献立で頑張《がんば》ったり、家計簿を付けたりする、何とか侍とか、包丁侍《ほうちょうざむらい》だとか、ちょっと怪しいねえ。「本領でない部分で花を

●「武士の献立」　料理で大名家に仕える武士を描いた映画（2013年公開）。
●「武士の家計簿」　大名に仕える御算用者を描いた堺雅人主演の映画（2010年公開）。

開かす」みたいなのをやっているから。

その「忍耐」という言葉で行くなら、「そういう本業で稼《かせ》げない人たちが、別のところでうまく成功する」みたいなのを考えつく可能性はありますね。

だから、アベノミクスが成功して、バーッと急成長をすれば、それなりにまた、そういうバブル系の成功物語もつくれるけど、そうならないようであるならば、「本来じゃないものが、別のところで活躍《かつやく》できる」みたいなやつをつくれるかもしれませんね。「本業では失敗した人が、こちらのほうで、こんな成功をしてしまう」みたいな感じのものならつくれるかもしれないねえ。

「湯川《ゆかわ》博士を演じる福山雅治《ふくやままさはる》」には天才的なところがある

堺雅人守護霊　去年は、私ともう一つは、やっぱり、理科系のあれがね、帝都大学や東京帝国《ていこく》大学理学部（次元物理学部）教授みたいなのがあったね。福山《ふくやま》（雅治《まさはる》）さんや、キムタクなんていう、ありえないような方が（テレビドラマの）「ガリレオ」の湯川《ゆかわ》博士とか、ああいうようなのをやっている。ちょっと笑いを呼びつつ、それを信じさせるために、必死で演技をしておられたね。

まあ、やや湯川さんのほうに分《ぶ》があったかもしれない。あ、湯川さんじゃないわ、間違《まちが》えた。福山さんのほうに分がちょっとあったかもしれませんが。あの人には天才的なところがあるよね。数式を全部ダーッと書くのを、本当に覚えて書いているから。

私も、台詞《せりふ》を覚えるのを頑張っているけど、「数式をバーッと覚えて全部書く」っていうのは、実際の数学科卒の人だって、そんなに簡単にはできないんじゃないんですかねえ。どうですか。実際、書けないんじゃないですかね。

だから、それは乗り移っているように見えますよね。そう見せるのが、筋なんです。あれで歌も歌うからねえ。やっぱり、世の中には〝すごい人〟がいっぱいいるねえ。

格闘技《かくとうぎ》で芸の幅《はば》を広げている「岡田准一《おかだじゅんいち》」

堺雅人守護霊　もう一つは、剣《けん》をやりましたので、「格闘技《かくとうぎ》系でもう一つ幅《はば》を広げる」っていう手はあるな。本当は貧弱《ひんじゃく》な体なんですけど。違う……、ちょっと優男《やさおとこ》なの。本当は優男なので、銀行員ぐらいが精いっぱいなんですけども。

今、流行《はや》っている岡田准一《おかだじゅんいち》ねえ。（大河《たいが》ドラマで）黒田官兵衛《くろだかんべえ》をこれからやるんだろうけど、彼はいろんな役をやっているね。「永遠の０《ゼロ》」も流行ったし、その前の「ＳＰ」もなかなかすごかったですよねえ。

でも、あそこに至るまでに、ハリウッドの武道のトレーニング、マーシャルアーツとかに三年も通って師範《しはん》ぐらいの免許《めんきょ》をもらうところまでやっ

黒田官兵衛（1546～1604）
戦国時代の武将。豊臣秀吉の参謀として活躍。
2014年、NHK 大河ドラマ「軍師官兵衛」放映。

ているね。

「SP」で、何て言うの、警棒みたいなのをピッと抜《ぬ》いてパシーンと相手と戦ったり、ナイフで戦ったり、爆発物《ばくはつぶつ》を飛ばして信号にぶつけて爆発させたりするところがあるじゃないですか。あれをやるのに、フィリピン棒術も勉強している。本格的にフィリピン棒術の細い棒を使って練習しているし、空手《からて》みたいなのもやってるし、ボクシングもやっている。それを三年も勉強したらしい。

それだけやって体をつくってるから、あれに出ているし、その延長上でほかのゼロ戦乗りもやれば、「軍師官兵衛」でも、腕《うで》が立つように見せられるんじゃないかなと思うけど。まあ、三年ぐらい、格闘技の師範が取れるぐらいまでの訓練をやって体を鍛《きた》え込《こ》んで、応用を効かせていますよね？

あるいは、韓国《かんこく》のイ・ビョンホンみたいな人も、恋愛《れんあい》ものばかりやっていけなくなったら体を鍛えて、ブルース・リー並みに忍者《にんじゃ》の役みたいなので、いっぱい出てきていますよね。

だから、みんな、その芸の幅を広げたり、あるいは「年を取って、恋愛ものができなくなったときに、どう生き残るか」っていう、次の作戦があるわけですよね。俳優が年を取った場合の生き残り方。

ヨン様の場合だったら、恋愛ものでやっていたのが、年を取ってきたら苦しくなってきています。出番がなくてだんだん苦しくなったんじゃないですか。今さら格闘技のほうに変身するのは厳しいだろうと思うんですがね。

私も今、「今度は剣以外のものも、何か少しは仕込みが要《い》るかな」と思ってはいるんですけどねえ。

9　堺雅人の「演技と過去世《かこぜ》の深い関係」

常識を引っ繰《く》り返した「男女逆転の大奥《おおおく》」

竹内　少し質問の角度が変わるのですが、大河《たいが》ドラマの「篤姫《あつひめ》」に、十三代将軍家《いえ》定《さだ》として……。

堺雅人守護霊　家定って、（頭の上で指を回して）これでしたっけ？

竹内　ちょっと、そういうふうには演じていました。

堺雅人守護霊　へへへへ……。

竹内　さらに、そのあと、菅野美穂《かんのみほ》さんと出会った映画「大奥《おおおく》」とテレビドラマの「大奥」にも出演されています。「大奥」に関連する作品によく出演されていまして、「大奥について、そうとうお勉強された」という話も聞いているのですが、何か関心がおありなのですか。

堺雅人守護霊　困ったなあ。エヘッ。

ある意味では、去年、常識を引っ繰《く》り返すようなこともあったけど、「大奥」にも、ちょっと、そういうところがありましたよね。今の時代に反するようなものですよね。大奥みたいに、「三千人もはべる」

「大奥」
謎の疱瘡で若い男性の人口が激減し、女性が将軍になった男女逆転の世界を描いた漫画（原作・よしながふみ）を映画・テレビドラマ化（2010年〜公開）。

っていうこと自体も、今の一夫一婦《いっぷいっぷ》制で裁判がやたら起きる時代に反する考えだけど、さらに男女まで逆転させるところまで行ったりして、もう、ハチャメチャの極《きわ》みだけど。まあ、そのハチャメチャの極みまで行くと、一種の独創性や空想性にまで膨《ふく》らんでいくところがあるのでね。

やっぱり、つくっている人たちも、勉強はしていると思う。なんか、幸福の科学の本もよく勉強しているらしくて、その「創造の秘密」を勉強しているみたいですよ。「逆転させたり、いろんな違う使い方をする」っていうのを。

例えば、「大奥」だって、男女を引っ繰り返したらどうなるか。これだけで、本当に面白《おもしろ》くなるよね。それだけで物語としては全然別だ。あるいは、小説家でも出てきたように、信長《のぶなが》を書いても、『女信長』

『創造の法』
新たな価値創造の秘訣が説かれた書。
（幸福の科学出版）

とか、「信長が、もし女だったらどうする」とか。引っ繰り返すだけで、すぐ新しい創造が生まれるんですよね。

だから、「もし、新選組《しんせんぐみ》ナンバーワンの剣《けん》の使い手が女だったらどうする」とか考えただけでも面白いねえ。

竹内　そういう考え方もあります。

堺雅人守護霊　一回やってみたいなあ。そういう「オカマの新選組」なんかやってみたいねえ。

松本　（笑）

堺雅人守護霊　一回、「袴《はかま》じゃなくてスカートだった」っていうようなのもやってみたいですねえ。

「血統主義の時代」と関係があるのか

堺雅人守護霊　「大奥」ね。大奥かあ。大奥で攻《せ》めてくるかあ。

確かに、歴史上、何て言うか、血統主義でやっていたので、能力主義じゃなかったんですよね。戦国時代は能力主義だったけど、江戸《えど》時代は長子《ちょうし》相続《そうぞく》制を敷《し》いていたから、能力がなくとも、要するに、武術ができず、勉強もできない人が跡継《あとつ》ぎでいたんです。「次男以下はそれができるのに、長男はできない。だけど、それを跡継ぎにする」みたいなのをやっていましたね。

これは血統制であって、天皇制と同じようなところだね。天皇制だったら、大正天皇にそんな気《け》があったらしいですけども。

まあ、「そういう時代と私が何の関係があるか」ということですが……。うーん……、そういう意味では、「無能な人が偉《えら》くなることもできる」という時代ではあるわけだよねえ。それを、現代に持ってきてパロディ的に見れば、「大会社になればなるほど、無能でも社長ができる」っていうところはあるよね。

小さいところでは、無能な人は無理ですけど、大会社になると、もう、本当に何もできない調整型の人とか、下の意見を聞くだけの人とか、イエスマンだけで上がれる人とか、ゴマをするだけで上がれる人とかがいっぱい出てくるのよねえ。

（「半沢直樹《はんざわなおき》」の）産業中央銀行は、日本興業銀行をモデルにしていて、あれなんかも、ちょっと、「歯に衣《きぬ》を着せずに意見を言える銀行だ」っていう説もあるけど、やっぱり、ゴマすりが出世する銀行ではあったようなので、ああいう野武士《のぶし》的なものを出したところはあるんだよね。そういう意見をズバズバ言うような風潮が少しは残っていたところはあるのかとは思うんだけど。

まあ、実力主義で行くか、お飾《かざ》りでも偉くなれるか。日本のなかでは、そうねえ、やっぱり、実力主義はときどき出る。要するに、戦乱期、交代期には出るけど、それ以外のときは、「お飾り主義で、能力がなくても地位が取れる」みたいなのが長い。

それで、わりあい、その時代に平和な時代が続くこともある。「上が無能だと平和で、上が有能だと戦《いくさ》がよく起きる」みたいなこともあってね。この歴史の皮肉はあるのよね。

現代の常識を破壊《はかい》する「異常な世界が展開される時代」

堺雅人守護霊　だから、大奥みたいな時代は、そらあ、乱れた時代で、今で言えば、「アラビアンナイト」の世界ですよね。「王様が側室をたくさんはべらせて、毎日、夜の付き合いをさせては一人ずつ殺していく」って、それはもう贅沢《ぜいたく》ですよねえ。「女性を一人ずつ奥さんにしては、毎晩、殺していく」っていうのは、女性のほうはたまったもんじゃないけど。

「話の上手な女性が出てきて、『話を聴《き》いて面白かった。明日も聴かせてほしい』っていうことで、死刑《しけい》を免《まぬが》れて、翌日も話をする。三日話す。三日目までには殺そうと思ったのに、とうとう話を続けさせる。千日も続いてもう放せなくなって、正

●アラビアンナイト〈千夜一夜物語〉　アラビア地方を中心とした約250話からなる民間伝承説話。王に殺されないよう、話上手な大臣の娘が王のために物語を千一夜続けるという体裁をとる。

式の奥さんになりました」っていうハッピーエンドだよね。そういう不思議な不思議な誕生物語がありますけど。

だから、「異常な世界が展開される時代」っていうのも、現代の常識と思っているものを破壊《はかい》する意味では非常に大事なので、人類史のなかでは、そうした極端《きょくたん》な時代も、私はあったほうが面白いんじゃないかなと思うんですよね。

まあ、日本は基本的には天皇制がずーっと続いているので、王様みたいなのは、ずーっといたわけだけど、実力者のところはいろいろ代わったり、幕府が代わったりするような変化と安定とが一体になった国だったのよねえ。

だから、「側室を何千人も抱《かか》えるような将軍家というのであれば、天皇よりもはるかに力があった」ということでしょうけども、「身分は向こうが上」っていうような時代だよねえ。

あらゆる役ができるようにイメージを固めたくない

堺雅人守護霊　まあ……、ごまかしてるかなあ。古美門《こみかど》風にごまかしてるのかも（会場笑）。やっぱり、ごまかしてるなあ。

松本　おっしゃるとおり……（笑）。

堺雅人守護霊　やっぱり、ごまかしてるなあ。口数《くちかず》でごまかしてるなあ。俺《おれ》、やっぱり、ごまかしてんな。

あれは本性《ほんしょう》だったかな。やっぱり、演技じゃなかったのかもしれない。本性なんだよ。どうも本性だな、あれは。ちょっと本性だ……。

斉藤　そうした時代に詳《くわ》しいのですか。過去世《かこぜ》がおありなのではないかと思うのですが。

堺雅人守護霊　ありゃあ、困ったなあ……。

だから、そういう意味で、「無能だけど、人の上に立った場合」と、「命の危険があるために、一生懸命《いっしょうけんめい》、芸を演じてみせなければ生き残れなかったような時代」と、その両方を経験した人間だと見てもいいかもしれませんね。

松本　もう少しヒントを頂けませんか。

堺雅人守護霊　ああ……。役者としては、ちょっと、イメージが固まることは避《さ》けたいんですけどねえ。

松本　いや、むしろ広がると思うんですけれども。

堺雅人守護霊　そうですかねえ。

松本　まさに、「常識の逆転」ですから。この守護霊インタビューそのものが。

堺雅人守護霊　うーん……。イメージを固めたくはないのよね。あらゆる役ができるような自分でありたいなと思うのよねえ。

斉藤　「一つの役だった」ということでいかがでしょうか。

堺雅人守護霊　うーん……。例えば、こういう言い方をしたらどう？　「シェークスピアの影武者《かげむしゃ》だった」とか言ったら信じる？

松本　ええっ？　いや、いや（笑）。

竹内　信じません。

堺雅人守護霊　いやあ、その説はあるんだよ、ほんと。

松本　まあ、可能性としてありますね。

堺雅人守護霊　シェークスピアの名前で出ているけども、実は、「代筆をやっている人がいた」っていう説があるね。全部シェークスピア作品になっているけど。

松本　でも、たぶん堺さんは違う……。

堺雅人守護霊　「シェークスピアの名前なら売れるから」ということで、本当は、ほかの売れない脚本《きゃくほん》なんだけどね。しがない俳優をやりながら脚本を書いているような人なんかもいたわけで、それを買い取ってもらって、「シェークスピアの名前で出す」っていうのはあったわけだから。もしかしたら、そんなのと関係があるかもしれないね。

松本　いえ、いえ（笑）。過去世《かこぜ》が「徳川《とくがわ》」ということはありえるのか

松本　日本のほうでいきませんか。

堺雅人守護霊　日本でいきたいか。

松本　はい。

堺雅人守護霊　（舌打ち）やだなあ、日本は……。

斉藤　でも、「菅野さんと、そういう映画でご縁《えん》があって、ここまで来た」ということは、何かあるのではないでしょうか。

竹内　まさか、名字が「徳川《とくがわ》」ということはないですよね？

堺雅人守護霊　「うん？　わしがもらった皿を割ったかあ？　これは手打ちにせんといかんなあ。エーイ！」とか、そんなんだったら、満足するかい？

松本　いやいや（笑）。

竹内　真実をお願いします（笑）。

堺雅人守護霊　お菊《きく》さんが、「一枚……、二枚……、三枚……」。

松本　「番町皿屋敷《ばんちょうさらやしき》」ではないんですけど（笑）。

堺雅人守護霊　「一枚足りない……」って。

松本　それは役でございますので。

堺雅人守護霊　それをぶち斬《き》った殿様《とのさま》とか、そんなんだったら信じるんじゃないの？

●番町皿屋敷　主人の皿を割って責められた奉公人・お菊が井戸に身投げし、亡霊となって、毎夜、怨念を込めて皿の枚数を数え続けるという怪談。

松本　いえいえ。もう少しリアルなところでひとつ。

堺雅人守護霊　うーん……、やっぱり、役者っていうのは、そんなリアルなものじゃないんだなあ。まあ、歴史上では、こういう仕事はあんまりないので……。俺はそんなに偉くなったらいけない！　やっぱり偉くなっちゃあ、駄目《だめ》なんだ。

松本　いえいえいえ（笑）。

堺雅人守護霊　嘘《うそ》を言いたくなるけど、古美門じゃないんだ。俺は古美門じゃない！　俺は古美門じゃないから。嘘を言ったら、その役で固まるから。「王様だ」と言ったら、王様の役で固まっちゃうじゃないですか。

松本　いえいえ。それが、また違う役をするところが面白いですし、魅力《みりょく》でございますので。

堺雅人守護霊　そらあ、やっぱり、何の役でもできるためには、ちょっと逆を言わないといけないな。逆を言ったほうがいい。

斉藤　ファンの方々に、「何かある」と思ってもらうのは楽しいと？

堺雅人守護霊　そうなんですよ。だからね、本当はね、吉原《よしわら》で女郎《じょろう》をやっていたんですよ。だからもう、男の気持ちがよく分かるし、女の気持ちも分かるんです。

松本　ええ？（笑）

堺雅人守護霊　ナンバーワン女郎だったのよ。

松本　いえいえ（笑）。

堺雅人守護霊　駄目か？

松本　駄目ですね。

堺雅人守護霊　駄目？　信じない？

松本　はい。信じないですね（笑）。

堺雅人守護霊　じゃあ、女郎屋を経営してたの。

松本　いえいえ（笑）。もう少し大きな経営だと思うのですが。

堺雅人守護霊　駄目か？

松本　ええ。

堺雅人守護霊　それも信じないか。

松本　ええ。やっぱり……。

堺雅人守護霊　君はなかなか疑い深いなあ。信仰心《しんこうしん》はあるか。

松本　（苦笑）あります。

堺雅人守護霊　本当に？

松本　やはり、時代に対して、かなり影響力《えいきょうりょく》があった可能性を感じます。

堺雅人守護霊　まあ、ありえるとしたらねえ、やっぱり偽《にせ》教祖なんていうのがありえると思うなあ。嘘の宗教をつくって、信者を集める。これができたら俳優はできるね。何でもできるから。偽教祖です。偽教祖なんてどうだ？

松本　逆に、やらないでしょう。

堺雅人守護霊　こういう〝インチキ教祖〟はいっぱいあるんじゃないですか。こういうのが過去世《かこぜ》だったら当たるんじゃないか。

松本　いや、やっておられないと思います。

俳優とは「一種の幻覚《げんかく》」で人を信じさせるもの

竹内　過去世で生まれた時代はいつですか。

斉藤　「中興《ちゅうこう》の祖《そ》」というかたちで、宗教家になられていますでしょうか。

堺雅人守護霊　中興の祖？　いやあ、私はそんなねえ。いやあ、困ったねえ。やっぱり転生《てんしょう》しては、四つ辻《つじ》で乞食《こじき》をやっていたような気がするからね。

松本　いやいやいやいや。これは本になって歴史に遺《のこ》りますので。

堺雅人守護霊　いや、困っちゃうじゃない？　生まれつきの二枚目俳優ではないし、ただの性格俳優だけでやるつもりでもないし、今、微妙《びみょう》なあたりを走っているから。うーん、微妙なんだよ！

竹内　だからこそ今、真実を明かしておいたほうがよいのではないですか。それも新しい逆転かもしれません。

堺雅人守護霊　うーん……。

斉藤　今まで演じていなかったような方が過去世に出ますと、次の役どころで、何か影響が出るかもしれません。

堺雅人守護霊　何をやらせたい？　うーん、そうだなあ。でも、義経《よしつね》をやったんでは、岡田准一《おかだじゅんいち》にたぶん勝てないだろうなあ。あっちがやるよなあ？　俺よりはね。ヒラッと飛ぶのは、絶対あちらのほうが上だよな。弁慶《べんけい》がやれるほどの体じゃない。うーん、体つきなら、あっちでもできるけどな。そうだねえ、でも、女性霊《れい》はいるかもしれないねえ。

松本　はあ。

堺雅人守護霊　男性もいるけど、女性もいるんじゃないでしょうかねえ。いや、俳優っていうのは身分が低い。でも、人気がある。そういうものなんで、そういうのに耐《た》えられる人でなければ無理だと思いますね。だから、「ずーっと金儲《かねもう》けだけの実業に励《はげ》んだ」っていうのとは、ちょっと違うんだと思うんですね。俳優は実業じゃないと思うんだよなあ。やっぱり虚業《きょぎょう》だと思いますよ。一種の幻覚《げんかく》、イリュージョンで人を信じさせてやるものじゃないかなあ。「お姫様《ひめさま》的な立場」で格上の存在だった菅野美穂《かんのみほ》

竹内　では、一つだけ行きましょうか。直前世《ちょくぜんせ》だけでも、ここで明かせば、堺さんにとってもプラスになると思います。

堺雅人守護霊　困ったねえ。

竹内　はい。時間も限られていますので。

堺雅人守護霊　そうですかあ。でも、去年のイメージがあるからねえ。銀行員なら金貸しかあ。銀行員なら金貸しだよなあ。金貸しのイメージは悪いねえ。やっぱりなあ。

弁護士役ってあるかねえ。昔はなかったよね。昔に弁護士役があるとしたら何だろうねえ。

松本　いや。考えなくて結構ですので、実際のところを教えてください。

堺雅人守護霊　そら、脚本家に書いてもらわないと分からないんですよ。私もよく分かんないんですよ。

松本　やはり、日本でいらっしゃいますよね?

堺雅人守護霊　うん。まあ、そうだね。日本語をしゃべれるから、そうなんだろうねえ。やっぱり、江戸時代の歌舞伎《かぶき》俳優かなんかぐらいが順当なところなんじゃないですかねえ。

松本　うーん……。

堺雅人守護霊　疑ってる？

松本　もう少し幅《はば》が広い気がするんですけど。

堺雅人守護霊　そうかねえ。もうどうしよう。まあ、正当に言っているつもりなんですけどね。

もう少し幅が広い？　じゃあ、どこまで広げたら許してくれるの？　うーん、そうだねえ。許してくれる幅があるからね。「今までやっていない役をやりたい」っていう希望をくっつけるんだったら、何がやってみたいかなあ。

松本　そのときは、やはり奥様と一緒《いっしょ》だったのですか。

堺雅人守護霊　いやあ、向こうが格上だったかもしれない。

松本　格上だった？

堺雅人守護霊　うーん。

松本　奥様は、どこかのお姫様《ひめさま》などをされていた？

堺雅人守護霊　きついなあ。君らの〝弾《たま》〟はきつい！　タマ握《にぎ》っちゃうぞお。

松本　いやいや（苦笑）。

堺雅人守護霊　キュウッと握っちゃうかも。〝弾〟がきついなあ。

松本　もう、ズバッといかがでしょうか。

堺雅人守護霊　きついなあ。あちらのほうは、そういうお姫様的な立場っていうのは、たぶんあるだろうと思うよ。たぶんあるだろうとは思います。いやあ、きついなあ。

口が立つのは直前の過去世《かこぜ》に関係している？

堺雅人守護霊　口が立つのはねえ、実は「日蓮宗《にちれんしゅう》」と関係があるんだよ。

松本　宗教家でいらっしゃるのですか。

堺雅人守護霊　いやあ、宗教家と言われると、ほんと困るんだけどなあ。他宗を破折《はしゃく》して歩く宗教家と関係があるんだよなあ、実を言うと。だから、日蓮宗系と関係があるので……。

斉藤　ずばり、日蓮様とご縁がおありということですか。

堺雅人守護霊　いやあ、もうちょっと時代は下《くだ》るんだけども。日蓮宗が広がっていくときに、〝道場破り〟で他宗をいっぱい破

辻説法に立つ日蓮。あちこちで『法華経』の教えを説いて回った。
（絵：日蓮聖人御伝版画刊行会）

っていたので、その感覚は、今の演技とつながっているでしょう？　たぶんね。法《ほう》戦《せん》して破っていって、看板を下ろさせ、日蓮宗に掛《か》け替《か》えていくのでね。

松本　はいはい。

堺雅人守護霊　これは今の「塚原卜伝《つかはらぼくでん》」にも、「半沢直樹」にも、「リーガルハイ」にもかかわるでしょう？　そういうのをやったことがあるので、口が立つところはあることはあるので、坊《ぼう》さんは一人入っています。これがあることは事実。江戸時代に、日蓮宗系の坊さんとして、一人は生まれています。

松本　〝道場破り〟をされていた？

堺雅人守護霊　剣道じゃないほうで〝道場破り〟を。

●法戦　宗教、宗派間で、自らの奉じる教義をもとに論争し、教えの優劣を競うこと。

松本　はいはい。法戦で……。

堺雅人守護霊　口で道場破りをやったのはございます。これはあります。あそこは、「日《にち》なんとか」という名前が全員付いているからね。そんな者の一人だとは思いますけど、あなたがたが期待する高僧《こうそう》のようなものは、期待しないほうがいいとは思うけど、そういうのをやったことがあります。

だから、〝道場破り〟で何軒《けん》か看板を奪《うば》ったぐらいのことは、やっていますね。念仏宗《ねんぶつしゅう》とか、その他幾《いく》つかから看板を外して日蓮宗に掛け替えていった実績はございます。

まあ、そういう意味で日蓮宗の坊さんが一人入っています。直前世ではね。これが今、戦いに強い理由の一つ。言論戦に強い理由の一つは、これです。

過去世《かこぜ》での菅野美穂《かんのみほ》との関係は？

堺雅人守護霊　それから、もう一つは女性で生まれたことがあることはあります。女性で生まれて、どっちかというと奉納《ほうのう》するような感じのことをやったことが……。

松本　奉納ですか。

堺雅人守護霊　うん、奉納。

斉藤　踊《おど》ってですか。「舞《まい》の奉納」ということですか。

堺雅人守護霊　そうですね。そういう設営された舞台《ぶたい》の上で歌ったり踊ったりして奉納するやつです。ああいうのをやっていたことがございますねえ。だから、宮中とも関係があるかなあ。

松本　江戸時代ですか。

堺雅人守護霊　いや、もう少し前になると思いますね。どのくらいになるかなあ。まあ、室町《むろまち》期ぐらいかなあ。そんな経験はありますね。
それから、もう少し前ということであれば、今度は神道《しんとう》系で、なんか御用《ごよう》をしていた気がするのでね。もう一人、女性がいるんですが、それは巫女《みこ》さんだったような感じがして、そのときに菅野《かんの》とも関係があったような気がする。

松本　ああ。やはり神道系ですね。

堺雅人守護霊　神道系でちょっと菅野と関係あってね。これは平安期ぐらいだと思うんですけど。巫女さんをやっていたような気がするんですが。菅野はそういう巫女さんを、何て言うのかなあ、使うような立場にいたんじゃないかと思いますけどね。

松本　巫女さんを使う立場なんですね。

堺雅人守護霊　まあ、そういう者を使えるような立場にいたような感じがいたしますがね。だから、古くは日本のそうした雅楽《ががく》や舞踊《ぶよう》、音楽とかにも関係があったと思われます。

神がかりの儀式が発祥とされる巫女神楽。巫女が舞のなかで神を下ろし、祈願等を執り行った（絵・葛飾北斎）。

飛鳥《あすか》時代、あの有名な事件の場にいた

堺雅人守護霊　（過去世として）もう一つ、多少あるとしたら、戦に関係があるものもちょっとはあってもいいかもしれませんねえ。そういうのは奈良《なら》時代の前あたりにあるのかなあ。なんか剣を振《ふ》るった記憶《きおく》がちょっとだけあるので。みんなが髪《かみ》を結《ゆ》っているような時代だね。埴輪《はにわ》に出てくるような「角髪《みずら》に結う」っていうかな。あの時代に、剣を持っている男で生まれた感じがありますね。

なんか、このなか（会場内）に知っている人がいるような気がちょっとだけすることはするんですけどね。

斉藤　中臣鎌足《なかとみのかまたり》さんとか？

堺雅人守護霊　ええ。なんか、そのあたりにいたような気がすることはするんでね。

なんか、●蘇我入鹿《そがのいるか》を斬り殺しにいったなかにいたような気がするんですけどね。

松本　おお！

堺雅人守護霊　あれは何人かの計略で、中大兄皇子《なかのおおえのおうじ》、中臣鎌足が中心のクーデターで、明治維新《いしん》みたいなものなんでしょうけど。そのときに、そうした中心人物じゃありませんけども、一緒《いっしょ》に手伝ってやったような、一太刀《ひとたち》浴びせたような気もするんですけどね。

竹内　では、一緒に蘇我入鹿を斬りにいった人の一

乙巳《いっし》の変（645年）
大和朝廷の実質上の最高権力者として独裁色を強めていた蘇我入鹿〈610？～645〉を中大兄皇子、中臣鎌足らが討ち、「大化の改新」の端緒を開いた。

人なのですか。

堺雅人守護霊　ええ。入鹿を何人かで斬っていると思うんですが、一太刀浴びせたような気もするんですけどね。

松本　やはり、その時代を変えようとする先端《せんたん》のところにいらっしゃるんですね。

堺雅人守護霊　まあ、そんなに硬派《こうは》でもないんですが、「硬派と軟派《なんぱ》の両方を持っている」ということですかね。

まあ、有名な人は、誰《だれ》も出てこなかったでしょう？　これは、やっぱり……。

松本　いえいえ。「日本の歴史のなかで重要なポイントにいらっしゃった」ということですよね。

堺雅人守護霊　そうですかねえ。二回目に訊《き》いたら全然違うことを言ったりしてね。アッハハハハ……。

松本　（苦笑）

堺雅人守護霊　「駄目だ。役者はやっぱり役者をやらないといかん」って言われて、それで終わりだ。

松本　いえいえ。

竹内　本日は、長い時間にわたりまして、堺さんの本心をさまざまに伺《うかが》いました。本当にありがとうございました。

堺雅人守護霊　去年で終わりになりませんようように。今年以降も仕事が続きますように、まあ、本当に〝神頼《かみだの》み〟をお願いしたいと思っています。

竹内　こちらも応援《おうえん》しております。

堺雅人守護霊　信者のみなさまがたにも、ぜひとも、テレビも映画も応援してくださるようお願いします。

この本が出ることによって、私が出演したものは、みんなが観《み》てくださって視聴《しちょう》率《りつ》が上がることをお願い申し上げたいと思っています。よろしくお願いしますね。

質問者一同　ありがとうございました。

堺雅人守護霊　はい。

10 堺雅人守護霊の霊言《れいげん》を終えて

「芸達者《げいだっしゃ》で努力家」の堺雅人

大川隆法　何だかよく分からないのですが、去年あたりから、感触的《かんしょく》には何か感じているものがあります。

でも、堺雅人さんは、非常に芸達者《げいだっしゃ》で努力家なのではないでしょうか。

松本　はい。そんな感じだと思います。

大川隆法　本質的には、そんなに不真面目《ふまじめ》な方ではないと思います。本質的には努力家で、コツコツ努力しながら、自分の〝天才神話〟のようなものを持たずに仕事をしている方でしょう。

もし、この霊言《れいげん》が本人に知られることになって、宗教の世界に目覚めてくれれば、もっと神秘力が身についてきて芸の幅《はば》が出るかもしれません。

今日、守護霊が少し〝変なこと〟を言ってしまったために、次は坊主《ぼうず》役で出ることになって、あっと驚《おどろ》くかもしれません。

松本　それも面白《おもしろ》いと思います。

大川隆法　お坊さん役などもありえるでしょうか。少なくとも脚本家《きゃくほんか》のインスピレーションのもとにはなったかもしれません。

「人気の秘密」を身につけて人々の心をつかむ

大川隆法　「人気の秘密」に迫《せま》れたでしょうか。これで、今日のテーマが分かりましたか。

松本　そうですね。

竹内　「霊的なもの」と「この世の努力」の融合《ゆうごう》という努力論の方向は見えたかなと思います。

松本　それと、やはり、「常識に対して、それを逆転させていく」というところです。

大川隆法　でも、脚本を書いて演出をしているような人たちも、「当会の本を勉強している。創造性のところを一生懸命《いっしょうけんめい》に研究している」というようなことを言っていました。

なぜなら、当会がいろいろと逆転させながら活動しているからです。「常識の逆転」や「異質なものを結合する」などとよく言って、宗教家ではありえないようなことに対して、いろいろと手を出しているのを見ている人は見ていて、影響《えいきょう》を受けているのかもしれません。

竹内　あれほど、芸能界に宗教の影響が大きいとは思いませんでした。

大川隆法　彼らは、当会の本をかなり読み始めているのかもしれません。

また、芸能界の人というのは、非常に霊的な体質の人が多いのです。幽霊《ゆうれい》などを信じる人も多いですし、唯物論者《ゆいぶつろんしゃ》はあまりいないのです。かなりの方々に「霊感」や「神がかり」などがありますし、そういう怖《こわ》い役を演じるときには、みな、必ずお参りに行きます。

幽霊体験がある人とか、金縛《かなしば》り体験がある人とか、たくさんいると思います。全国でいろいろなロケをしているため、宿屋に泊《と》まってはよく経験しているので、わりに信心《しんじん》深い人がいるのです。

菅野美穂《かんのみほ》さんは、おそらく、さらに霊体質なのではないでしょうか。そんな気がします。

竹内　役を演じるとき、目が全然別人の目になるので、乗り移っていると思います。

大川隆法　そうですね。何か乗り移っているようです。何か来るのかもしれません。今回の霊言が、本人にとっても、決してマイナスにならずにプラスになることを祈《いの》りたいと思います。

われわれも「人気の秘密」を身につけて、いろいろな人々の心をつかむことが非常に大事です。心をつかむようないろいろなヒット作品を生み出していければ、ありがたいです。

ぜひ、メディア部門の松本さんにも「乗り移られる方法」を身につけてもらって、何かよいアイデアを頂きたいものです。

では、今日は以上です。ありがとうございました。

あとがき

堺雅人さんが女優の菅野美穂《かんのみほ》さんとご結婚されたと聞いた時、「アッ、いいかも」と何だかとても嬉しくなったのを覚えている。

宗教団体の総裁にしては、少しはまり込みすぎかもしれないが、「人気絶頂男」の秘密は、私ならずとも知りたいものだ。

それは、日本を再び高度成長させるための起爆剤《きばくざい》ともなるからだ。どんな事業も商売も、顧客の人気なくして成功などありえないからだ。

日本人を卑屈《ひくつ》さから救い、「倍返し」の精神を教え込みたいものだ。

二〇一四年　一月二十一日

幸福《こうふく》の科学《かがく》グループ創始者兼総裁《そうししゃけんそうさい》　大川隆法《おおかわりゅうほう》

『堺雅人の守護霊が語る 誰も知らない「人気絶頂男の秘密」』大川隆法著作関連書籍

『未来の法』（幸福の科学出版刊）
『忍耐の法』（同右）
『創造の法』（同右）
『常勝思考』（同右）
『教育の使命』（同右）
『天才打者イチロー ４０００本ヒットの秘密』（同右）
『ＡＫＢ48 ヒットの秘密』（同右）
『エクソシスト入門』（同右）
『神々が語る レムリアの真実』（同右）
『エロスが語る アフロディーテの真実』（同右）
『公開霊言 ガリレオの変心』（同右）

『百戦百勝の法則』（幸福実現党刊）

堺雅人《さかいまさと》の守護霊《しゅごれい》が語《かた》る
誰《だれ》も知《し》らない「人気《にんき》絶頂《ぜっちょう》男《おとこ》の秘密《ひみつ》」

2014年2月6日　初版第1刷

著　者　　大《おお》　川《かわ》　隆《りゅう》　法《ほう》

発行所　　幸福の科学出版株式会社

〒107-0052 東京都港区赤坂2丁目10番14号
TEL(03)5573-7700
http://www.irhpress.co.jp/

印刷・製本　株式会社 堀内印刷所

落丁・乱丁本はおとりかえいたします

ISBN978-4-86395-433-5 C0076
提供：Tungstar/ アフロ／ Marsyas

大川隆法 霊言シリーズ・成功の秘密を探る

天才打者イチロー 4000本ヒットの秘密

プロフェッショナルの守護霊は語る

イチローの守護霊が明かした一流になるための秘訣とは？ 内に秘めたミステリアスなイチローの本心が、ついに明らかに。過去世は戦国時代の剣豪。

1,400円

AKB48 ヒットの秘密

マーケティングの天才・秋元康に学ぶ

放送作家、作詞家、音楽プロデューサー。30年の長きに渡り、芸能界で成功し続ける秘密はどこにあるのか。前田敦子守護霊の言葉も収録。

1,400円

「宮崎駿アニメ映画」創作の真相に迫る

宮崎アニメの魅力と大ヒット作を生み出す秘密とは？ そして、創作や発想の原点となる思想性とは？ アニメ界の巨匠の知られざる本質に迫る。

1,400円

大川隆法ベストセラーズ・神秘の扉が開く

神秘の法

次元の壁を超えて

この世とあの世を貫く秘密を解き明かし、あなたに限界突破の力を与える書。この真実を知ったとき、底知れぬパワーが湧いてくる！

1,800円

創造の法

常識を破壊し、新時代を拓く

斬新なアイデアを得る秘訣、究極のインスピレーション獲得法など、仕事や人生の付加価値を高める実践法が満載。

1,800円

不滅の法

宇宙時代への目覚め

「霊界」「奇跡」「宇宙人」の存在。物質文明が封じ込めてきた不滅の真実が解き放たれようとしている。この地球の未来を切り拓くために。

2,000円

幸福の科学出版

大川隆法 ベストセラーズ・最新刊

「正しき心の探究」の大切さ

靖国参拝批判、中・韓・米の歴史認識……。「真実の歴史観」と「神の正義」とは何かを示し、日本に立ちはだかる問題を解決する、2014年新春提言。

1,500円

舛添要一のスピリチュアル「現代政治分析」入門 ──守護霊インタビュー──

国政、外交、国際政治──。国際政治学者・舛添要一氏の守護霊が語る現代政治の課題と解決策。鋭い分析と高い見識が明らかに！

1,400円

日本外交の盲点

外交評論家 岡崎久彦守護霊メッセージ

日米同盟、中国・朝鮮半島問題、シーレーン防衛。外交の第一人者の守護霊が指南する「2014年 日本外交」の基本戦略！ 衝撃の過去世も明らかに。

1,400円

※表示価格は本体価格（税別）です。

大川隆法霊言シリーズ・**最新刊**

守護霊インタビュー タイ・インラック首相から日本へのメッセージ

英語霊言
日本語訳付き

民主化を妨げる伝統仏教の弊害。イスラム勢力による紛争。中国の脅威——。政治的混乱に苦しむインラック首相守護霊からのメッセージとは。

1,400円

ハイエク 「新・隷属への道」

「自由の哲学」を考える

消費増税、特定秘密保護法、中国の覇権主義についてハイエクに問う。20世紀を代表する自由主義思想の巨人が天上界から「特別講義」!

1,400円

逆転の経営術

守護霊インタビュー ジャック・ウェルチ、カルロス・ゴーン、ビル・ゲイツ

豪華装丁
函入り

会社再建の秘訣から、逆境の乗りこえ方、そして無限の富を創りだす方法まで——。世界のトップ経営者3人なら、企業をどう立て直し、発展させるのか。

10,000円

大川隆法 ベストセラーズ・「幸福の科学大学」が目指すもの

幸福の科学の基本教義とは何か

真理と信仰をめぐる幸福論

進化し続ける幸福の科学——本当の幸福とは何か。永遠の真理とは？ 信仰とは何なのか？ 総裁自らが説き明かす未来型宗教を知るためのヒント。

1,500円

「ユング心理学」を宗教分析する

「人間幸福学」から見た心理学の功罪

なぜユングは天上界に還ったのか。どうしてフロイトは地獄に堕ちたのか。分析心理学の創始者が語る、現代心理学の問題点とは。

1,500円

湯川秀樹のスーパーインスピレーション

無限の富を生み出す「未来産業学」

イマジネーション、想像と仮説、そして直観——。日本人初のノーベル賞を受賞した天才物理学者が語る、未来産業学の無限の可能性とは。

1,500円

比較宗教学から観た「幸福の科学」学・入門

性のタブーと結婚・出家制度

小乗仏教の戒律の功罪や、同性婚、代理出産、クローンなどの人類の新しい課題に対して、比較宗教学の視点から、仏陀の真意を検証する。

1,500円

幸福の科学出版

幸福の科学グループのご案内

宗教、教育、政治、出版などの活動を通じて、地球的ユートピアの実現を目指しています。

宗教法人　幸福の科学

一九八六年に立宗。一九九一年に宗教法人格を取得。信仰の対象は、地球系霊団の最高大霊、主エル・カンターレ。世界百カ国以上の国々に信者を持ち、全人類救済という尊い使命のもと、信者は、「愛」と「悟り」と「ユートピア建設」の教えの実践、伝道に励んでいます。

（二〇一四年一月現在）

愛

幸福の科学の「愛」とは、与える愛です。これは、仏教の慈悲《じひ》や布施《ふせ》の精神と同じことです。信者は、仏法真理をお伝えすることを通して、多くの方に幸福な人生を送っていただくための活動に励んでいます。

悟り

「悟り」とは、自らが仏の子であることを知るということです。教学《きょうがく》や精神統一によって心を磨き、智慧《ちえ》を得て悩みを解決すると共に、天使・菩薩《ぼさつ》の境地を目指し、より多くの人を救える力を身につけていきます。

ユートピア建設

私たち人間は、地上に理想世界を建設するという尊い使命を持って生まれてきています。社会の悪を押しとどめ、善を推し進めるために、信者はさまざまな活動に積極的に参加しています。

国内外の世界で貧困や災害、心の病で苦しんでいる人々に対しては、現地メンバーや支援団体と連携して、物心両面にわたり、あらゆる手段で手を差し伸べています。

年間約３万人の自殺者を減らすため、全国各地で街頭キャンペーンを展開しています。

公式サイト **www.withyou-hs.net**

ヘレン・ケラーを理想として活動する、ハンディキャップを持つ方とボランティアの会です。視聴覚障害者、肢体不自由な方々に仏法真理を学んでいただくための、さまざまなサポートをしています。

公式サイト **www.helen-hs.net**

INFORMATION

お近くの精舎・支部・拠点など、お問い合わせは、こちらまで！

幸福の科学サービスセンター

TEL. 03-5793-1727（受付時間 火～金：10～20時／土・日：10～18時）

宗教法人 幸福の科学 公式サイト happy-science.jp

教育

学校法人 幸福の科学学園

学校法人 幸福の科学学園は、幸福の科学の教育理念のもとにつくられた教育機関です。人間にとって最も大切な宗教教育の導入を通じて精神性を高めながら、ユートピア建設に貢献する人材輩出を目指しています。

幸福の科学学園

中学校・高等学校（那須本校）
2010年4月開校・栃木県那須郡（男女共学・全寮制）
TEL **0287-75-7777**
公式サイト **happy-science.ac.jp**

関西中学校・高等学校（関西校）
2013年4月開校・滋賀県大津市（男女共学・寮及び通学）
TEL **077-573-7774**
公式サイト **kansai.happy-science.ac.jp**

幸福の科学大学（仮称・設置認可申請予定）
2015年開学予定
TEL **03-6277-7248**（幸福の科学 大学準備室）
公式サイト **university.happy-science.jp**

仏法真理塾「サクセスNo.1」

小・中・高校生が、信仰教育を基礎にしながら、「勉強も『心の修行』」と考えて学んでいます。
TEL **03-5750-0747**（東京本校）

不登校児支援スクール「ネバー・マインド」

心の面からのアプローチを重視して、不登校の子供たちを支援しています。
また、障害児支援の **「ユー・アー・エンゼル!」** 運動も行っています。
TEL **03-5750-1741**

エンゼルプランV

幼少時からの心の教育を大切にして、信仰をベースにした幼児教育を行っています。
TEL **03-5750-0757**

NPO 活動支援

学校からのいじめ追放を目指し、さまざまな社会提言をしています。また、各地でのシンポジウムや学校への啓発ポスター掲示等に取り組むNPO「いじめから子供を守ろう！ネットワーク」を支援しています。

公式サイト **mamoro.org**
相談窓口 **TEL.03-5719-2170**
ブログ **mamoro.blog86.fc2.com**

政治

幸福実現党

内《ない》憂《ゆう》外《がい》患《かん》の国難に立ち向かうべく、二〇〇九年五月に幸福実現党を立党しました。創立者である大川隆法党総裁の精神的指導のもと、宗教だけでは解決できない問題に取り組み、幸福を具体化するための力になっています。

党員の機関紙
「幸福実現NEWS」

TEL 03-6441-0754
公式サイト hr-party.jp

出版 メディア 事業

幸福の科学出版

大川隆法総裁の仏法真理の書を中心に、ビジネス、自己啓発、小説など、さまざまなジャンルの書籍・雑誌を出版しています。他にも、映画事業、文学・学術発展のための振興事業、テレビ・ラジオ番組の提供など、幸福の科学文化を広げる事業を行っています。

TEL 03-5573-7700
公式サイト irhpress.co.jp

入会のご案内

あなたも、幸福の科学に集い、
ほんとうの幸福を
見つけてみませんか？

幸福の科学では、大川隆法総裁が説く仏法真理をもとに、
「どうすれば幸福になれるのか、また、
他の人を幸福にできるのか」を学び、実践しています。

入会

大川隆法総裁の教えを信じ、学ぼうとする方なら、どなたでも入会できます。入会された方には、『入会版「正心法語」』が授与されます。（入会の奉納は1,000円目安です）

ネットでも**入会**
できます。詳しくは、
下記URLへ。
happy-science.jp/joinus

三帰《さんき》誓願《せいがん》

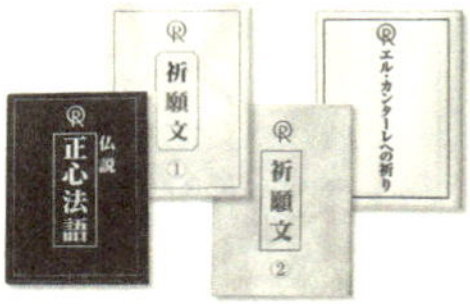

仏弟子としてさらに信仰を深めたい方は、仏・法・僧の三宝への帰依を誓う「三帰誓願式」を受けることができます。三帰誓願者には、『仏説・正心法語』『祈願文①』『祈願文②』『エル・カンターレへの祈り』が授与されます。

植福《しょくふく》の会

植福は、ユートピア建設のために、自分の富を差し出す尊い布施の行為です。布施の機会として、毎月1口1,000円からお申込みいただける、「植福の会」がございます。

「植福の会」に参加された方のうちご希望の方には、幸福の科学の小冊子（毎月1回）をお送りいたします。詳しくは、下記の電話番号までお問い合わせください。

月刊「幸福の科学」

ザ・伝道

ヤング・ブッダ

ヘルメス・エンゼルズ

INFORMATION
幸福の科学サービスセンター
TEL. **03-5793-1727**（受付時間 火〜金：10〜20時／土・日：10〜18時）
宗教法人 幸福の科学 公式サイト **happy-science.jp**